AF367874

DU DROIT DE PERPÉTUITÉ

DE LA

PROPRIÉTÉ INTELLECTUELLE

TYPOGRAPHIE HENNUYER, RUE DU BOULEVARD, 7. BATIGNOLLES.
Boulevard extérieur de Paris.

DU DROIT DE PERPÉTUITÉ

DE LA

PROPRIÉTÉ INTELLECTUELLE

THÉORIE DE LA PROPRIÉTÉ

DES ÉCRIVAINS, DES ARTISTES, DES INVENTEURS ET DES FABRICANTS,

PAR

ADOLPHE BREULIER,

Avocat à la Cour impériale de Paris,

Membre du Comité de la Société des Inventeurs et Artistes industriels.

PARIS

AUGUSTE DURAND, LIBRAIRE,

RUE DES GRÈS, 7.

1855

AVANT-PROPOS.

Quelques personnes se souviennent peut-être encore qu'en 1853, dans le journal *le Droit* (numéros des 13, 14, 15, 16 et 17 mai), nous avons tracé rapidement l'*historique* du principe de perpétuité en matière de propriété littéraire, et que nous déclarions, en même temps, que la propriété littéraire était prise là comme type de la propriété intellectuelle en général. A cette époque, notre double intention était de livrer au public une première partie du travail que nous voulions compléter ultérieurement, et de donner, en attendant, une base solide à la discussion qui n'a jamais cessé d'être ouverte sur cette grande question toujours pendante. Aujourd'hui, au moment où vient de s'ouvrir, dans la capitale du monde intellectuel, le congrès universel du génie humain, le plus éclatant concile artistique et industriel qu'ait jamais enregistré l'histoire, nous avons pensé que l'heure était venue de chercher à établir définitivement la *théorie* de cette intangible et féconde propriété de l'intelligence.

Parler en une circonstance aussi solennelle sur

une telle matière paraîtra peut-être une grande audace de notre part; mais, si quelques personnes peuvent être tentées de n'y voir que de la prétention, d'autres, nous l'espérons, y reconnaîtront quelque courage. Il en faut toujours, en effet, pour aborder le côté théorique des questions; les abstractions sont mal vues; les prudents et les habiles, les sages si l'on veut, se tiennent assez communément sur le terrain des faits et laissent de côté les principes, sans chercher à les tirer de leurs nuages; mais, sur ce point, nous sommes de l'avis d'un savant magistrat, l'un des principaux adversaires de notre thèse (M. Renouard, *Traité des droits d'auteurs*, t. I, p. 440 et 441), qui, avant d'aborder le même sujet, ne craignait pas de dire : « C'est parce qu'on se laisse « aller à éluder la discussion des principes fonda- « mentaux que les questions restent confuses, que « les lois, rédigées comme au hasard et sans une « pensée d'ensemble, se prêtent à toutes les argu- « mentations, que la jurisprudence flotte sans bous- « sole. Non, de tels débats ne sont pas oiseux. L'é- « tude de la législation resterait incomplète si l'on « se contentait de copier les textes qu'elle entasse, « ou même de déterminer les résultats qu'il lui est « utile d'obtenir; et quelque chose manque à la sa- « tisfaction de l'intelligence et à la sûreté logique des « raisonnements, aussi bien qu'à la plénitude de la « conviction, tant que l'on néglige de remonter

« jusqu'à la vue des principes, et de redescendre
« ensuite la série de leurs conséquences. »

Au surplus, en ce qui nous concerne, nous pensons que la difficulté même de l'entreprise pourra faire accorder quelque sympathie à nos efforts et leur servir d'excuse en cas d'insuccès.

Nous avons donc abordé résolûment la discussion ; et afin que le lecteur sache tout de suite où nous entendons le conduire, nous dirons immédiatement que, dans notre pensée, et quant aux principes fondamentaux, il n'y a aucune raison valable pour maintenir une différence entre la propriété *intellectuelle* et la propriété ordinaire, *matérielle*, celle des terres, des maisons, des meubles, etc.

Par conséquent, ce n'est rien de moins que la théorie de la propriété ordinaire elle-même que nous aurons à examiner tout d'abord. Nous en rappellerons, nous en justifierons les véritables principes d'après les plus saines données de la philosophie, du droit et de la science économique. Après quoi, nous appliquerons ces principes à la propriété intellectuelle, en démontrant l'identité de celle-ci avec la première ; nous réfuterons ensuite les principales objections qui se sont produites contre cette assimilation ; et enfin, nous indiquerons sommairement, par application des principes par nous posés, quelques-unes des plus importantes modifications qu'on pourrait faire subir, progressivement, à la législation actuelle sur les droits des inventeurs, des artistes et des écrivains.

Notre travail aura donc une division naturelle en quatre parties principales, qui seront :

1° L'introduction historique, précédemment publiée dans le journal *le Droit*.

2° L'établissement théorique des principes de la propriété matérielle et intellectuelle.

3° L'examen et la réfutation des objections.

4° L'indication des modifications législatives nécessaires.

Il ne nous reste plus qu'à donner quelques mots d'explication sur chacune de ces divisions.

Quant à la partie *historique*, nous la reproduisons telle qu'elle a été insérée dans *le Droit* en 1853; nous avons jugé inutile d'y ajouter ce qui pouvait concerner spécialement la propriété industrielle et artistique. Les faits qui ont rapport aux droits des artistes et des inventeurs sont plus récents, moins nombreux et, partant, mieux connus que les précédents relatifs au droit des écrivains. La propriété littéraire a plus de racines dans le passé : c'est l'aînée, législativement parlant, des propriétés intellectuelles; son histoire est la plus complète, et c'est pour cela que nous l'avons choisie de préférence comme type de toutes les autres. Sans doute, il y aurait aussi un travail intéressant à faire sur celles-ci; bien des faits curieux pourraient s'y trouver rassemblés; mais une telle extension du travail que nous avions projeté en eût dépassé et rompu le cadre. Nous ne voulions prendre à l'histoire que ce qu'il en fallait pour appuyer notre théorie et pour servir de réfutation à l'une des objections que nous devions rencontrer ultérieurement, la première, sous nos pas, lors de la discussion générale; nous n'entendions pas nous adresser à une curiosité, assurément très-éclairée et bien légitime, mais à la réflexion. C'était moins l'histoire que la philosophie des propriétés intellectuelles qu'il s'agissait d'étudier, et, nous le répétons, à ce point de vue, l'essai publié en 1853 nous a paru suffisant.

Les deux livres ou chapitres relatifs à l'exposition des principes de la *propriété* dite *ordinaire*, à son assimilation avec la propriété dite *intellectuelle*, et à la réfutation des objections proposées contre cette assimilation, chapitres qu'on doit considérer comme le cœur même de notre modeste ouvrage, paraîtront peut-être à certaines personnes, au premier abord, et malgré tous nos efforts pour en atténuer l'indispensable abstraction, d'une lecture quelque peu pénible; mais, autant que nous le pouvons faire convenablement nous-même, nous les engageons à persister, à relire une seconde fois, au besoin, les premières pages, et nous sommes convaincu (sans cette conviction nous n'eussions rien écrit), nous avons la persuasion que notre pensée sera comprise et que les lecteurs courageux seront récompensés de leur peine par l'acquisition d'une vérité, que soupçonne depuis longtemps la conscience des peuples, mais qui n'avait probablement pas été présentée encore avec un degré suffisant d'évidence. Il était assurément difficile de n'être pas un peu technique et abstrait en pareille matière, mais nous avons fait de notre mieux pour être clair cependant, et nous n'avons pas perdu de vue cette parole d'un philosophe, rappelée par l'illustre Arago à l'ouverture de son cours d'astronomie, le 15 mai 1841 : « La clarté est la politesse de ceux qui parlent *au* public ; » et comme le grand vulgarisateur de la mécanique céleste, nous avons fait tous nos efforts pour qu'on ne nous trouve pas impoli.

Dans le quatrième et dernier chapitre, contenant l'indication des *modifications législatives*, nous avons cru devoir nous borner à signaler sommairement celles-là seulement qui nous ont semblé la conséquence nécessaire et la plus immédiate de l'acceptation de notre théorie de la propriété intellectuelle, rejetant, comme excédant les limites naturelles de notre plan, les modifications qu'il était permis d'appeler secondaires.

En second lieu, nous n'avons pas voulu formuler en termes absolus, en *articles*, ces changements par nous proposés ; — car, si nous avons une foi entière dans la justesse des principes que nous avons déve-

loppés, si nous croyons sincèrement à l'utilité sérieuse et à l'opportunité d'un semblable examen, à
l'avenir même autant qu'à l'équité des modifications
réclamées, nous avons trop d'expérience aussi du
courant ordinaire des choses humaines, pour croire
à l'adoption immédiate, ou seulement prochaine de
cette thèse et de ces règles nouvelles. — Nous nous
sommes donc contenté de faire ce qui nous a paru
sagement faisable, pour le moment actuel, par le jurisconsulte philosophe, c'est-à-dire : le premier ni-
vellement du terrain, les fondations et l'avant-projet
de l'édifice de l'avenir, réservant la construction avec
ses minutieux détails, au temps, à l'expérience, au
législateur. Au surplus ceux de nos lecteurs qui en
jugeraient autrement, ou qui, déplaçant un instant
notre point de vue particulier, seraient désireux de
jeter un coup d'œil sur les études spéciales, qui ne
pouvaient, selon nous, trouver ici leur place, pourront se reporter aux travaux de ce genre publiés par
la *Société des inventeurs et artistes industriels*, dans
son *Annuaire* de 1853, ou par M. Gardissal, dans
son journal *l'Invention*. — L'intelligent directeur de
cette revue a notamment annoncé pour les numéros
de la présente année un travail d'examen, à propos
de la circulaire de M. Heurtier, directeur général de
l'agriculture et du commerce, sur les articles 3, 4, 5,
18, 20, 23, 24, 31, 32, 33 de la loi actuelle des
brevets, et M. Boquillon, le savant technologiste,

conservateur de la bibliothèque des Arts et Métiers, ne tardera pas sans doute à livrer à la publicité un ingénieux projet de loi sur les inventions, projet dont il est l'auteur et qu'il a bien voulu nous communiquer, il y déjà quelques années. Nous sommes loin, au surplus, de méconnaître d'une manière absolue l'utilité incontestable à certains égards, de semblables travaux, et nous-même, en attendant la réalisation des promesses de l'avenir, nous nous proposons de nous livrer bientôt, si nous en avons le loisir, à un examen critique et détaillé des législations actuelles sur les brevets d'invention, les marques et dessins de fabrique, les œuvres de l'art et de l'esprit.

Pour en revenir au travail actuel, nous espérons que tout en s'efforçant d'agrandir le domaine de la propriété, il pourra contribuer à raffermir les fondements de cette merveilleuse institution, si audacieusement attaquée de notre temps, mais si vainement aussi, car, par bonheur, elle n'est pas d'invention humaine, mais de création divine. Il ressortira sans doute des développements de cet opuscule qu'il en est ainsi de tous les principaux *droits de l'homme*, lesquels ne sont pas affaire des fabricateurs de constitutions et de systèmes, mais qui, antérieurs à tous les décrets et à toutes les chartes, ne sauraient être créés par les législateurs, ni supprimés par eux d'une manière durable ; que, s'il existe une mécanique céleste, il y a aussi un ordre naturel social, également plein d'harmonies consolantes et sublimes ; qu'il n'est pas plus permis à l'homme de toucher à ces lois fondamentales de la société qu'à celles des mondes ; que Dieu a laissé bien peu à faire à l'arbitraire plus ou moins ingénieux des gouvernants et des législateurs ; et qu'en laissant agir à peu près librement les lois providentielles, l'homme doit arriver à la plus grande somme de richesse et de bonheur qu'il lui soit possible de posséder ici-bas. Avec la liberté, en effet, la propriété, le capital se forment ; il ne faut qu'une légitime protection pour les faire croître, et pour obtenir avec eux une incalculable puissance, les plus magnifiques progrès moraux et matériels. Fille de la Liberté et du Travail, la Propriété, qui n'a besoin que de sécurité pour vivre et grandir, est mère de toute civilisation !

DU DROIT DE PERPÉTUITÉ

DE LA

PROPRIÉTÉ INTELLECTUELLE

◆◆◆

HISTORIQUE DU PRINCIPE DE PERPÉTUITÉ.

(PROPRIÉTÉ LITTÉRAIRE.)

Dans ces derniers temps, divers traités internationaux, de vives contestations privées, suivies de décisions judiciaires importantes, des publications de différents genres, ont rappelé l'attention publique vers l'une des plus intéressantes questions de notre époque : la question du droit des auteurs touchant la reproduction de leurs œuvres. Toutes les législations modernes se sont montrées d'accord pour reconnaître ce droit et pour en assurer l'exercice aux écrivains, dans une certaine mesure. De louables efforts ont même été faits par la plupart des gouvernements européens afin d'élever cette protection à la hauteur d'un principe du droit des gens. Mais les publicistes et les législateurs ont montré moins de décision et d'unanimité, en ce qui concerne la nature et la portée véritable de la jouissance des œuvres littéraires.

D'abord, s'est élevée la question de savoir si ce droit constituait une simple concession gracieuse de la part du souverain, un privilége, ou bien une propriété. Presque partout on s'est arrêté, en définitive, avec plus ou moins de netteté et de réserve, à lui accorder cette dernière qualification. Mais alors, comme il est naturel à l'esprit humain, une fois qu'il s'est arrêté sur une idée, de chercher à en tirer logiquement toutes les conséquences possibles, on a aussitôt réclamé pour le droit des écrivains la même durée que pour la propriété ordinaire, c'est-à-dire la perpétuité.

Ici, ont commencé les difficultés sérieuses. De vives objections se sont dressées contre la prétention des auteurs. A leur titre, à la faveur qui leur était due, on a cru devoir opposer un droit et un intérêt contraires de la société. Le principe de la perpétuité, ainsi combattu, a été écarté par la plupart des législateurs, restauré ensuite par quelques-uns, admis plus ou moins formellement par d'autres, puis effacé définitivement de tous les Codes modernes. Mais rien n'est persistant comme un droit; et le principe de la perpétuité en matière de propriété littéraire, prétendant être le principe vrai, le droit lui-même, à ce titre il n'a cessé de protester contre ces méconnaissances et ces mutilations; en toute occasion, il a cherché à renouer ses tronçons épars; à l'heure qu'il est, il palpite encore, il se met en mouvement et redresse la tête. On a porté ses plaintes, on a fait valoir ses raisons au sein de toutes les commissions, devant toutes les assemblées qui, en France, se sont le plus récemment occupées de cette matière. Tout dernièrement, deux publications remarquables à divers titres [1] ont encore élevé

---

[1] *De la Propriété littéraire en Angleterre*, par Ed. Laboulaye; *Revue de législation*; février-mars 1852, et *De la Propriété intellectuelle*, par H. Castille; *Revue de Paris*, 1853. — *Nota.* Ceci était écrit en 1853 (Voir le journal *le Droit*, n° des 13, 14, 15, 16 et 17 mai). Il conviendrait au-

la voix contre ce qu'on appelle la spoliation des droits de l'intelligence ; et comme, après l'avortement du projet de 1841, la réforme de notre législation sur cette matière est encore pendante, il est naturel de penser que, dans un avenir assez rapproché peut-être, on verra encore se renouveler la discussion, et qu'on devra compter avec les partisans de la durée perpétuelle.

Dans ces circonstances, nous avons pensé qu'il pouvait être de quelque intérêt de présenter le tableau rapide des faits principaux qui se rapportent exclusivement au point en litige ; en d'autres termes, de traiter l'histoire du principe de perpétuité en matière de propriété littéraire.

Nous suivrons cet historique à travers les temps et chez les principales nations civilisées, depuis les premières et vagues indications de l'antiquité, jusqu'au prodigieux mouvement produit par la découverte de l'imprimerie, et à partir de cette dernière époque jusqu'à nos jours.

La première période, on doit s'y attendre, nous livrera peu de documents positifs. Une recherche approfondie sur ce point fournirait plus de détails curieux que de résultats utiles. Nous ne nous laisserons donc pas tenter par le vain désir de faire étalage d'une érudition d'ailleurs facile aujourd'hui, et nous n'entendons enregistrer, dans notre rapide exposé, que les faits importants et significatifs.

Les Grecs et les Romains ne nous ont laissé aucune trace de prescriptions législatives, édictées dans l'intention spéciale de reconnaître ou de protéger le droit des

jourd'hui d'ajouter à cette note la mention de plusieurs publications nouvelles et notamment celles du périodique *la Propriété littéraire*.

auteurs. Ce n'est pas sérieusement qu'on pourrait vouloir tirer parti, dans ce sens, du fait relatif au fils d'Eschyle et raconté par le lexicographe Suidas, ou des recherches des *plagiaristes*, tels que Scellier, Abercrombius, Salden, etc. [1].

D'une part, en effet, si Euphorion a pu concourir et remporter quatre fois le prix avec des tragédies de son père qui n'avaient pas encore été jouées, cela ne peut impliquer tout au plus que l'existence du droit de propriété sur le manuscrit resté aux mains de la famille du poëte, et non pas le droit de propriété sur les reproductions ultérieures et sur les représentations de l'ouvrage; Quintilien nous apprend, d'ailleurs [2], que les Athéniens, après la mort d'Eschyle, avaient permis aux autres poëtes de reprendre ses tragédies, de les corriger et de concourir avec ces modifications. D'autre part, comme le dit avec raison M. Renouard [3], en parlant de ces érudits qui avaient fouillé minutieusement le Digeste, dans l'intérêt de la propriété intellectuelle, « tous leurs efforts n'ont pu découvrir dans le vaste corps de droit, qui, sur tant de sujets divers, contient les décisions des lois et des jurisconsultes de Rome, autre chose que des analogies plus ou moins éloignées. »

Mais de ce que l'antiquité ne nous a pas légué de monuments d'une législation spéciale sur la propriété littéraire, faut-il en conclure d'une manière absolue que ce droit n'existait pas alors. Nous ne le pensons pas. Il ré-

---

[1] V. Nodier, *Questions de littérature légale.* Liste placée à la fin du volume.

[2] Quintil., X, l. 66.

[3] *Traité des droits d'auteur*, t. I, p. 15.

sulté clairement de la lecture d'une foule d'écrivains anciens que les auteurs ne se contentaient pas toujours de
la gloire ou du salaire qu'ils pouvaient retirer de la lecture de leurs compositions sous les platanes du jardin de
Fronton [1], sur les théâtres, dans les maisons particuliè-
res [2], et jusque dans les bains publics [3], mais qu'ils tiraient
également parti du manuscrit de leurs ouvrages. Un commerce de livres, excessivement actif et important, se faisait au quartier des Argilètes, ce fameux prototype de
notre quartier *latin*. Les volumes, soigneusement roulés
sur l'*umbilicus*, et plus ou moins richement enfermés dans
leur étui et dans leur reliure de pourpre [4], rayonnaient de
là sur toute l'Italie et jusque chez les peuples étrangers
les plus lointains.

Martial s'applaudit de voir ses ouvrages emportés jusque
dans les déserts des Gètes et lus chez les Bretons [5]. Quels
que fussent le temps nécessaire pour la reproduction des
livres par le moyen de l'écriture et la cherté incontestable des copies, ces obstacles n'étaient pas de telle nature
qu'ils pussent empêcher la multiplication excessivement
nombreuse des exemplaires et en mettre l'acquisition hors
de la portée de cette opulente société du vaste empire romain. — Une heure suffisait pour copier et livrer *en nombre* un opuscule de six cents vers [6], et le livre XIII
des épigrammes de Martial revenait, dans sa nouveauté,

---

[1] Juv., *Sat.* I, v. 12.
[2] Juv., *Sat.* VII.
[3] Martial, *Epigr.* 44, liv. III.
[4] Mart., *Epigr.* 2, liv. III.
[5] Mart., *Epigr.* 3, liv. XI.
[6] Mart., *Epigr.* 1 et 8, liv. II.

à 5 fr. 50 cent. de notre monnaie (*nummis quatuor*) [1].

Les livres coûtaient beaucoup plus cher au moyen âge, où Alphonse V, roi d'Aragon, achetait, en 1455, un manuscrit de Tite-Live au prix de 120 écus d'or, et où Louis XI, pour se faire communiquer, afin de pouvoir le faire transcrire, un certain autre manuscrit possédé par la Faculté de médecine de Paris, ordonnait, en 1471, de donner en gage toute sa vaisselle d'argent [2]. « Les homélies d'Amion d'Halberstadt, dit M. Louis Delatre d'après les bénédictins de Saint-Maur, furent payées par Grécie, comtesse d'Anjou, deux cents brebis, un muid de froment, un autre de seigle, un troisième de millet, et une certaine quantité de peaux de martre. Il fallait vider sa basse-cour et son grenier pour acheter un volume [3]. »

Pour en revenir aux anciens, de leur temps les livres avaient, comme de nos jours, des fortunes diverses, et leurs destins inégaux réagissaient sur la prospérité variable des éditeurs. Certains ouvrages enrichissaient les heureux frères Sosie, ces Didot, ces Hachette, ces Gide et Baudry de leur temps [4], tandis que d'autres volumes se vendaient misérablement au poids et se trouvaient réduits à servir d'enveloppe aux olives de Libye ou aux anchois de Byzance, sur l'étalage de quelque carrefour [5].

Tout cela suppose une propriété littéraire; tout cela prouve que le droit existait sans conteste, s'il était sans

[1] Mart., *Ep.* 3, liv. XIII et notes collect. Nisard, p. 626.

[2] Renouard, *Traité des droits d'auteurs*, t. I, p. 22 et suiv.

[3] *Hariri, sa vie et ses écrits*, par Louis Delatre; *Revue orientale et algérienne*, mars 1853.

[4] Horace, *Art poétique*, v. 344-345; épît. XX, liv. I.

[5] Stace, liv. IV, silve IX. — Hor., épît. I, liv. II, etc.

garantie. On doit penser, ou que la propriété littéraire, à laquelle l'imprimerie seule a donné toute son importance, n'a pu frapper l'attention des législateurs de l'antiquité, ou bien qu'ils ont simplement entendu laisser la protection de ce droit sous l'empire du droit commun ; de même que c'était en vertu des dispositions générales des lois criminelles qu'avait lieu la répression des écarts de la liberté d'écrire [1]. Quoi qu'il en soit, si les anciens n'ont pas songé à la propriété littéraire pour la protéger, ils n'y ont point pensé non plus pour la nier ou la limiter. Le système des règlements et des restrictions sous prétexte de garantie est tout moderne, et, à cet égard, le silence de l'antiquité était, en théorie du moins sinon en pratique, plus favorable au droit des écrivains.

Ce que nous disons des temps antiques s'applique également à ceux du moyen âge, jusqu'à la découverte de l'imprimerie. Nous signalerons seulement, d'après Lowndes [2], le fait suivant : Bishop Tell, dans son mémoire sur l'état de l'imprimerie à l'Université d'Oxford, assure que cette Université possédait le droit exclusif de transcrire et de multiplier les livres au moyen de l'écriture, ce qui, dit Lowndes, implique une sorte de propriété littéraire (*which implies a species of copyright*).

L'industrie des copistes avait pris un grand développement, puisque, s'il faut en croire Villaret, elle faisait vivre plus de dix mille écrivains dans les deux seules villes de Paris et d'Orléans, au moment de la découverte de l'im-

---

[1] Cod. IX, 36, *De famos. libell.* Cf. Renouard, *loc. cit.*, p. 16.
[2] Lowndes, *Historical Sketch of the law of copyright*, p. 2.

primerie [1]. Mais, comme nous l'avons dit précédemment, les manuscrits n'en étaient pas moins d'un prix énorme, et, par conséquent, le commerce des *librarii* ou *stationarii* du moyen âge ne dut jamais prendre qu'une médiocre extension. Aussi, c'est à peine s'ils éveillent l'attention de l'autorité, uniquement manifestée par quelques règlements de taxe et d'inspection, parmi lesquels, soit en France, soit en Angleterre ou ailleurs, on n'en rencontre aucun qui s'occupe d'assurer ou de restreindre l'exercice rare et peu fructueux du droit des auteurs.

Mais tout va changer : l'obscurité qui enveloppe ce monde encore barbare va se dissiper tout à coup : voici venir la découverte de Guttemberg ; il semble que Dieu ait prononcé le *fiat lux* une seconde fois. C'est bien la lumière en effet ! La nouvelle force qui vient de se révéler au monde possède toutes les propriétés du fluide lumineux ; elle en a d'abord la rapidité de diffusion. Au contraire de ce qui arrive ordinairement pour les autres inventions, celle-ci est immédiatement appréciée et se propage sur toute la terre civilisée avec une célérité prodigieuse. Née en Allemagne vers 1450, elle est installée à Paris dès 1469 et à Londres en 1471 [2]. Comme la lumière elle éclaire le monde, qu'elle peut aussi échauffer ou incendier tour à tour.

Les avantages d'abord, puis bientôt les dangers de cette nouvelle puissance frappent tous les yeux. Le génie humain, surexcité, devient plus fécond ; les livres nouveaux se multiplient ; le travail de l'auteur, l'industrie du libraire deviennent ensemble plus fructueux, et, en même

---

[1] V. Renouard, *Traité des droits d'auteurs*, t. I, p. 25.
[2] Lowndes, *Historical Sketch*, etc., p. 2 ; London, in-8°, 1842.

temps, devient plus actif le honteux métier des plagiaires et des contrefacteurs. Tous ceux qui, d'une manière plus ou moins directe, tirent un profit légitime des labeurs de la pensée sentent le besoin de recourir à la protection sociale.

D'un autre côté, partout l'autorité s'émeut elle-même pour son propre compte, et s'efforce d'éteindre ou tout au moins d'affaiblir l'éclat de ce splendide et effrayant météore. Viennent alors toutes ces prescriptions où se croisent et se confondent, le plus souvent, les mesures protectrices, les menaces, les interdictions en faveur ou au préjudice des écrivains, des imprimeurs et des libraires.

Louis XI se montra protecteur déclaré de l'art nouveau. Libre encore sous Louis XII, l'imprimerie ne tarda pas à être enchaînée sous le successeur du *Père du peuple*. On trouve sur les registres de l'Université, à la date du 13 juin 1521, la mention d'une défense faite par le roi François Ier, aux libraires et imprimeurs, de rien vendre ou publier sans autorisation de l'Université et de la Faculté de théologie, et sans visite préalable, lecture, etc. [1].

Louis Berquin, dont les livres sont saisis par ordre du Parlement, le 13 mai 1523, est ensuite brûlé comme hérétique en place de Grève, en 1529.

On alla, pendant les troubles religieux, jusqu'à défendre, par lettres patentes du 13 janvier 1534, à tous les imprimeurs d'*imprimer aucune chose*, sous peine de la hart. Sous l'apparence d'une préoccupation protectrice pour la conservation des *bonnes lettres*, mais en réalité dans des

[1] Renouard, *Traité des droits d'auteurs*, t. I, p. 35.

vues de police et de censure, deux ordonnances de 1537 prescrivent, sous diverses peines, le dépôt, l'examen et l'autorisation préalables, pour tous les livres nouveaux et pour ceux imprimés à l'étranger, jusqu'à ce qu'on arrive, en 1694, à la création des censeurs royaux. Qu'a dû devenir, au sein de cette lutte, établie d'une part contre les contrefacteurs, de l'autre, contre les gouvernements, la propriété jusqu'alors incontestée, mais aussi presque inaperçue des écrivains? C'est ce que nous allons voir, en relevant tous les faits principaux qui constituent l'histoire du principe de perpétuité, pendant cette seconde et intéressante période.

Le privilége, en matière de propriété littéraire, dut naissance à des causes complexes, et, à certains égards, opposées. La première fut le besoin de protection pour le droit des auteurs et des libraires ; la seconde, le besoin de protection pour les gouvernements contre les forces et les abus de la presse ; la troisième, enfin, l'organisation même du travail et de l'industrie au moyen âge. Il ne faut pas perdre de vue, en effet, que par suite du système des corporations, le privilége qu'on accordait à l'auteur ne lui donnait pas le droit d'imprimer, fabriquer, ni même vendre son livre lui-même [1]. C'eût été, dans l'esprit du temps, porter atteinte aux droits de monopole des corporations des imprimeurs ou des libraires. L'auteur devait donc forcément, pour tirer parti de son manuscrit, en céder la propriété et l'exploitation au libraire.

La démarche faite vers l'autorité pour lui demander une concession de privilége était aussi tout à fait conforme à

---

[1] V. art. 4 du Règlement de 1723, renouvelant d'anciennes prohibitions.

l'esprit de l'époque. « La liberté des travaux individuels, dit **M.** Renouard [1], n'était point comprise ; on ne songeait point à agir en vertu de son droit, et l'on cherchait à le protéger sous l'abri des autorisations par octroi. La maxime n'était pas : Tout ce qui n'est pas défendu est permis ; c'était, au contraire : Tout ce qui n'est pas permis est défendu. »

Un passage, cité par **M.** Peignot [2], prouve d'ailleurs combien était confuse et incertaine l'idée du droit sur ce point. Il s'agit d'un privilége donné à Lyon par Louis XII, le 30 juillet 1509 ; on y lit : « De la partie de notre bienaimé maître Jehan le Maire de Belges, nous a exposé qu'il a l'intention de brief faire imprimer un certain livre des *Singularités de Troye et Illustrations de Gaule*, etc. ; mais il doute qu'il ne pût ou osât le faire sans nos congé et licence, et à cette cause nous a, icelui exposant, fait supplier, etc... »

Jean-Et. Putter [3] cite, comme le premier privilége connu, celui que la république de Venise accorda, en 1494, à Hermann Lichtenstein, pour l'impression du *Speculum historiale* de Vincent de Beauvais, à peine de 10 ducats pour le débit de chaque exemplaire contrefait.

Les demandes et concessions de priviléges avaient un double but : protéger le monopole général de la corporation des libraires, et protéger ensuite contre ses propres confrères chaque libraire en particulier, cessionnaire et représentant du droit de l'auteur.

[1] *Loc. cit.*, p. 107.
[2] *Essai historique sur la liberté d'écrire*, p. 59.
[3] Renouard, *loc. cit.*, p. 107.

Au moyen de cette organisation, la propriété littéraire pouvait se trouver complétement et efficacement garantie, car, ainsi que le remarque Lowndes [1], « comme aucun livre ne pouvait être publié sans autorisation, et qu'aucune autorisation n'était donnée à personne pour un livre appartenant déjà à un autre, par titre ou usage, la propriété d'une copie se fût trouvée suffisamment protégée par ces mesures, si elles eussent été strictement observées. »

Dans le principe, les priviléges étaient indistinctement accordés par le roi, par le Parlement, par l'Université et par le prévôt de Paris. Généralement ils étaient concédés pour un laps de temps plus ou moins limité, parce qu'à cette époque l'impression d'un livre était tellement coûteuse, le placement des exemplaires nécessairement si lent, que d'ordinaire l'éditeur ne portait pas ses vues au delà d'une première édition, et ne songeait à demander que le temps suffisant pour l'écouler, sauf, en cas de besoin, à réclamer ultérieurement une prolongation de délai. Mais cette limitation n'était pas de l'essence même des priviléges; ils étaient souvent concédés à perpétuité ou indéfiniment renouvelés. Suivant M. Victor Foucher [2], l'un des adversaires du principe dont nous faisons l'histoire, « sous ce régime mal compris par beaucoup, jamais la propriété de l'ouvrage ne fut déniée à l'auteur ou à son cessionnaire, mais seulement le droit de le publier, de le répandre dans l'Etat, sans l'autorisation du souverain. »

---

[1] *Loc. cit.*, p. 13.
[2] *De la Prop. litt. et de la contref. Revue étrang. et fr.*, X[e] année, t. IV.

Des difficultés s'élevèrent cependant au sujet des prolongations dont nous venons de parler, et une distinction fut faite entre les priviléges donnés pour les ouvrages anciens et ceux accordés pour les livres nouveaux. Un procès eut lieu entre une dame Joncty, de Lyon, et un autre libraire de cette ville nommé Tinghi. La dame Joncty reprochait à Tinghi d'avoir usurpé sa marque; de son côté, Tinghi exposait qu'ayant obtenu privilége du roi pour faire imprimer plusieurs livres, c'était à tort que la dame Joncty en avait sollicité et obtenu un autre pour faire imprimer les mêmes livres [1].

L'avocat général, Barnabé Brisson, conclut : « Qu'il est nécessaire que la Cour règle les parties, parce que les priviléges obtenus de part et d'autre y ont été vérifiés; et cette concurrence apporte une division entre elles, qui est l'un de leurs différends... Au regard des priviléges pour faire imprimer les livres y mentionnés, privativement les uns aux autres, ce sont vrais monopoles et de grande importance contre la liberté publique; spécialement pour imprimer de nouveau les livres jà imprimés par ci-devant, ce qui doit demeurer en la liberté d'un chacun. Bien s'ils ont acheté quelques copies, ou par leur art ils aient recouvert quelque nouveau livre, il est raisonnable qu'ils jouissent de leurs priviléges, mais non des livres anciens pour l'impression desquels il faut ouvrir la porte à chacun; car autrement ce serait y mettre la cherté. »

Le 3 août 1579, la Cour prononça en ces termes : «Pour le regard de la marque et enseigne, ordonne qu'elle demeurera aux Joncty, etc. Et quant aux priviléges, après s

---

[1] Renouard, *loc. cit.*, p. 111 et 112.

avoir ouï le procureur général du roi, ordonne que l'on n'y aura aucun égard, sinon pour les livres qui n'ont encore été publiés par ci-devant. Et pour le regard des autres jà imprimés, ils seront imprimés par tous les imprimeurs qui les pourront et voudront imprimer en pleine liberté. Et à la requête du procureur général, fait inhibitions et défenses à tous les imprimeurs de faire imprimer aucuns livres hors ce royaume, sur peine de confiscation et de 4,000 écus d'amende, etc. »

Enfin, pour achever de caractériser les priviléges, nous dirons qu'ils furent souvent confondus dans l'opinion publique aussi bien que dans les dispositions législatives et autres actes de l'autorité, avec les approbations et autorisations préalables, comme on le voit, notamment par l'ordonnance de Moulins, de février 1566, dont l'article 78 est ainsi conçu :

« Défendons aussi à toutes personnes que ce soit d'imprimer ou faire imprimer aucun livre ou traité sans notre congé et permission et lettres de privilége expédiées sous notre grand scel, auquel cas aussi enjoignons à l'imprimeur d'y mettre et insérer son nom et le lieu de sa demeure, ensemble ledit congé et privilége, et ce sur peine de perdition de biens et punition corporelle. »

Nous avons vu que le droit des auteurs et des libraires s'est exercé et a été protégé de fait, mais plutôt en conformité d'un sentiment vague de justice qu'en vertu d'une opinion raisonnée sur la nature véritable de ce droit. Les premières discussions théoriques sur ce sujet furent amenées, en France, par les difficultés qui s'élevèrent à plusieurs reprises entre les libraires de Paris et ceux de province. Nous verrons plus tard à quel propos pareille discussion eut lieu en Angleterre.

La capitale du royaume était naturellement le foyer, à peu près unique, des créations et des opérations littéraires ; les auteurs s'adressaient de préférence aux libraires de Paris, qui se trouvaient accaparer ainsi presque tous les ouvrages nouveaux. Les libraires parisiens allaient même jusqu'à refuser d'admettre la concurrence de leurs confrères de province aux ventes de privilége à la chambre syndicale. Il restait donc bien peu d'aliment à l'industrie des imprimeurs et libraires de province. Ceux-ci réclamèrent en 1725. Ils présentèrent requête afin d'obtenir que le droit d'imprimer les livres nouveaux tombât dans le droit commun après l'expiration des priviléges.

Un Mémoire fut rédigé contre la requête dans l'intérêt des libraires de la capitale, par Louis d'Héricourt et Boudier, avocats au Parlement de Paris [1]. Là, pour la première fois, se trouve examinée en théorie, établie comme un principe de droit, *la propriété littéraire*. La discussion des auteurs du Mémoire est vive et nette, et ce document constitue par lui-même un fait trop important pour qu'on ne nous permette pas de transcrire ici quelques-uns des passages relatifs aux droits des auteurs.

Le Mémoire établit d'abord que les priviléges ne doivent être regardés que comme de simples formalités, comme des approbations authentiques destinées à mettre

---

[1] Voir *OEuvres posthumes*, t. III, p. 54. Cf. Renouard, *loc. cit.*, p. 156 et suiv.

le libraire en sûreté, etc. « En effet, continuent les rédacteurs du Mémoire, ce ne sont point les priviléges que le roi accorde aux libraires qui les rendent propriétaires des ouvrages qu'ils impriment, mais uniquement l'acquisition du manuscrit, dont l'auteur leur transmet la propriété au moyen du prix qu'il en reçoit. » Puis d'Héricourt et son collègue définissent la nature de la propriété littéraire, en établissant son entière conformité avec la propriété ordinaire :

« Les manuscrits que les libraires achètent des auteurs, aussi bien que les textes des livres qu'ils acquièrent en s'établissant dans ce genre de commerce, sont, en leurs personnes, de véritables possessions, de la même nature que celles qui tombent dans le commerce de la société civile ; et, par conséquent, on doit leur appliquer les lois qui assurent l'état de toutes celles qui se font entre les hommes, soit terres, maisons, meubles ou autres choses de quelque espèce que ce ce puisse être... Si les productions littéraires tiennent le premier rang entre toutes celles dont les hommes sont capables par rapport aux avantages qu'ils en tirent, elles doivent se communiquer pour l'intérêt commun. Si elles doivent se communiquer, il faut que les auteurs les puissent faire passer à d'autres par le canal de la vente ou de l'échange ; donc, les productions littéraires sont du nombre des choses qui tombent dans le commerce, comme les autres productions de l'industrie ; et, par une conséquence nécessaire, les lois du royaume, auxquelles le commerce et l'industrie ont donné lieu pour assurer l'état des conventions des citoyens, doivent être singulièrement appliquées à celles qui se font entre les auteurs et les libraires.

« Il n'est pas douteux que le propriétaire d'une chose, en la faisant passer à une autre par le canal de la vente et de l'échange, transmet au nouveau possesseur les mêmes droits qu'il avait sur la chose dont il se dépouille; donc, un libraire qui a acquis un manuscrit et obtenu un privilége pour l'imprimer doit demeurer perpétuellement propriétaire du texte de cet ouvrage, lui et ses descendants, comme d'une terre ou d'une maison qu'il aurait acquise, parce que l'acquisition d'un héritage ne diffère en rien, par la nature de l'acquisition, de celle d'un manuscrit. Cependant, quoique ces deux différentes espèces d'acquisitions soient de même nature dans l'ordre des conventions, et qu'il ne se soit encore jamais trouvé personne assez visionnaire pour recourir à l'autorité du prince, afin de se faire mettre en possession de la maison d'un autre, sous prétexte de la longue possession de celui qui en jouit, ou de celle de ses auteurs, néanmoins, les libraires de province osent aujourd'hui...»

Enfin, le Mémoire examine l'obstacle constamment opposé depuis à la perpétuité de la propriété littéraire, c'est-à-dire, l'objection présentée contre les auteurs au nom de l'intérêt de la société et de l'utilité publique. Il conclut en ces termes : « Si les textes sont rendus communs à l'expiration des priviléges, les libraires ne voudront plus acheter de manuscrits; les auteurs, ne pouvant plus vendre leurs ouvrages, se décourageront et ne travailleront plus, ce qui fera tomber les sciences et renaître ces siècles ténébreux qui ont précédé la naissance de l'imprimerie. »

La requête des libraires de province fut rejetée.

Une autre circonstance vint, en 1761, rallumer la discussion sur la portée des priviléges, et rappeler l'examen sur la véritable nature du droit des écrivains.

Notre célèbre fabuliste, l'inimitable La Fontaine, avait, de son vivant, vendu ses œuvres au libraire Barbin, qui, lui-même, après en avoir longtemps tiré profit, en avait fait cession à divers. Cependant, sur la demande des petites-filles de l'auteur, décédé depuis soixante-six ans, un arrêt du Conseil, à la date du 14 septembre 1761, leur accorda le privilége des œuvres de leur aïeul. Cet arrêt inquiéta vivement la communauté des libraires ; il fut énergiquement critiqué par Diderot, dans un Mémoire qu'il rédigea en collaboration de Breton, ancien syndic de la librairie, sur la demande de M. de Sartine, en 1767.

Ce Mémoire reproduit une grande partie des arguments de d'Héricourt. Diderot soutient notamment que la propriété la plus absolue d'une œuvre appartient à l'auteur, et que, dès que celui-ci en a fait la cession à un libraire, ce dernier devient possesseur de l'ouvrage au même titre que l'écrivain lui-même. Il n'est donc plus possible de l'en dépouiller, pas plus au profit de l'auteur, qu'en faveur de toute autre personne ; il est d'avis de la prorogation des priviléges à perpétuité et demande qu'ils soient regardés comme de pures et simples garanties ; qu'au contraire les ouvrages acquis soient considérés comme des propriétés inattaquables, et leurs impressions et réimpressions continuées exclusivement à ceux qui les ont achetés, à moins qu'il n'y ait dans le contrat même une clause dérogatoire.

C'est à la suite de tous ces débats qu'intervinrent les nouveaux règlements, très-importants, du 30 août 1777, concernant la librairie et l'imprimerie. Celui qui règle la durée des priviléges et la propriété des ouvrages admet d'une manière formelle la perpétuité en faveur des auteurs et de leurs héritiers personnellement. En effet, son art. 5 s'exprime ainsi : « Tout auteur qui obtiendra en son nom le privilége de son ouvrage, aura droit de le vendre chez lui, sans qu'il puisse, sous aucun prétexte, vendre ou négocier d'autres livres; et jouira de son privilége *pour lui et ses hoirs à perpétuité*, pourvu qu'il ne le rétrocède à aucun libraire, auquel cas la durée du privilége sera, par le seul fait de la cession, réduite à celle de la vie de l'auteur. »

Les règlements de 1777, qui contenaient, en outre, diverses dispositions concernant l'obligation du renouvellement des priviléges anciens, l'amnistie accordée aux contrefaçons antérieures, etc., furent violemment attaqués par les libraires de Paris, et Linguet, avocat au Parlement, discuta énergiquement la légalité et la justice de ces nouvelles dispositions réglementaires, dans son fameux recueil des *Annales* [1]. Cette polémique, bien que soulevée au nom des libraires et presque contre l'assentiment des auteurs, fut amenée à prendre l'intérêt de ces derniers, et s'efforça d'établir leur droit de propriété absolue pour en faire la base indestructible des droits des libraires eux-mêmes. Les articles de Linguet sont curieux

[1] *Annales polit., civ. et littér. du dix-huitième siècle*, ouvrage périodique, par M. Linguet, 1787, t. III, p. 9 à 57.

à lire ; ils contiennent une plaidoirie nette, chaleureuse, incisive, en faveur de la propriété littéraire sans restriction. Nous nous bornerons à en citer quelques passages :

« Avant tout, dit Linguet, il faut fixer les idées et tâcher d'établir des principes sûrs. Il faut savoir au juste ce que n'est pas, et ensuite ce qu'est un privilége en librairie. Nous examinerons après si cette espèce de concession doit être éternelle, ou si l'autorité peut se permettre de la restreindre. »

Après s'être élevé contre ces termes de l'un des arrêts :

« Le privilége, en librairie, est une grâce fondée en justice. »

« Non, continue l'auteur des *Annales*, c'est une reconnaissance faite par l'autorité publique de la propriété de l'auteur ou de ses cessionnaires. C'est, en littérature, l'équivalent des actes notariés ou des jugements qui transmettent et assurent les droits des citoyens, sur tout ce qui compose ce qu'on appelle des possessions civiles.

« Quand une sentence adjuge à un particulier un héritage, ou qu'un officier public consigne dans un contrat la déclaration que fait un propriétaire de sa cession, le juge ou le notaire ne donnent rien ; ils ne font que consacrer, dans la personne de l'une des parties, l'authenticité d'un droit antérieur. Il en est précisément de même des priviléges dont il s'agit ici. Ils constatent qu'un tel individu est vraiment l'auteur d'un tel ouvrage, ou qu'un autre individu a acquis les droits du premier. Le prince est un témoin puissant et armé qui, en certifiant cette création ou cet accord, contracte l'obligation de le défendre. Le privilége est le sceau, la garantie d'une jouis-

sance paisible ; mais il n'est pas la source de cette jouissance. »

Ce point une fois fixé, Linguet établit que le privilége,
à l'égard du libraire, ne change pas de nature : « Les
droits du représentant ne peuvent être plus étendus, plus
sacrés que ceux du propriétaire primitif ; mais aussi ils
ne peuvent être plus restreints. »

Puis, en ce qui concerne la durée des priviléges :
« Certainement, s'il y a une propriété sacrée, incontestable, c'est celle d'un auteur sur son ouvrage. Mais il y
a deux manières de jouir de ses droits : l'une, en les
exerçant par soi-même ; l'autre, en les aliénant à un
prix qui dédommage de la cession. Pourquoi, de ces
deux méthodes, n'y en a-t-il qu'une accessible pour les
gens de lettres ? Quoi ! leur propriété à l'avenir dépen-
dra de leur patience à se livrer aux détails mercantiles
du commerce ! Leurs terres seront confisquées après
leur mort, s'ils renoncent pendant leur vie à les labourer
eux-mêmes ; s'ils ont préféré de recevoir en une fois, en
argent, le produit qu'elles auraient pu leur valoir pendant une longue suite de siècles ! »

Et il conclut : « Un privilége n'étant, en librairie, que
la reconnaissance d'une propriété préexistante, il ne
peut la borner. Si elle est certaine au moment où elle
commence, pourquoi cesserait-elle à celui où il expire ?
Si l'on s'obstinait à en faire dépendre la jouissance du
renouvellement du titre, alors on s'engagerait donc à ne
pas le refuser ? »

D'autres libelles furent écrits à cette époque pour ou
contre les arrêts de 1777. Dans le nombre, et dans le

sens de la propriété perpétuelle, Barbier cite[1] comme très-curieuses les *Lettres à un ami*, qui sont de l'abbé Plaquet (in-8°, Londres 1777).

Les plaintes des libraires trouvèrent un écho au sein du Parlement. On osa y mettre en question la légalité des arrêts de 1777; elle y fut discutée, jugée et condamnée par un arrêt du 10 février 1779, confirmatif d'une sentence du Châtelet du 11 août 1778.

Renouard, qui mentionne ces décisions, en rend compte en ces termes [2] : « Le sieur Paucton, auteur d'un ouvrage intitulé : *Métrologie, ou Traité des mesures, poids et monnaies de l'antiquité et d'aujourd'hui*, avait vendu son manuscrit à la veuve Desaint, libraire, *pour toujours et sans aucune réserve.* La veuve Desaint refusa d'imprimer et se laissa assigner au Châtelet, où elle soutint que les nouveaux règlements, en limitant à dix années la durée de son privilége, avaient changé la loi de son contrat, lequel devait être résilié. Dans ce procès, probablement intenté d'accord entre les deux parties, le sieur Paucton fut défendu par Agier.

Ce savant jurisconsulte publia, en apparence contre la veuve Desaint, mais en réalité contre les arrêts de 1777, un Mémoire qui contient beaucoup de recherches sur la matière. « Le Châtelet, par sentence du 11 août 1778, ordonna l'exécution du traité; et, en conséquence que, sans s'arrêter aux clauses et conditions insérées aux lettres de privilége obtenues par le sieur Paucton, dans les termes du nouvel arrêt du Conseil, la veuve Desaint

---

[1] Barbier, *Dictionnaire des Anonymes.*
[2] Renouard, *loc. cit.*, p. 181.

serait maintenue dans la propriété pleine et incommutable de l'ouvrage, et du droit exclusif de le faire imprimer et de le vendre, pour elle, ses hoirs et ayants cause, conformément au traité fait double entre les parties. Un arrêt contradictoire rendu par le Parlement, le 10 février 1779, confirma la sentence. »

Le même auteur ajoute : « Cet arrêt ne fut pas le seul appui que les plaintes des auteurs et des libraires trouvèrent dans le Parlement. Toutes les Chambres furent assemblées sur la provocation de d'Eprémesnil, qui déféra à la Cour les six arrêts du Conseil, et un arrêt du 23 avril 1779 ordonna qu'un compte serait rendu par les gens du roi. » Ce fut l'avocat général Antoine-Louis Séguier qui rendit ce compte, et son rapport ne dura pas moins de trois audiences. Il constate, entre autres choses, que les lois anciennes ont toujours été muettes sur la question de propriété des auteurs ; toutes les lois ont supposé cette propriété, mais aucune ne l'a consacrée ; « cependant vous avez vu, dit-il, que jusqu'à la fin du dernier règne on a accordé des continuations de privilége à tous ceux qui étaient propriétaires du manuscrit original de l'ouvrage imprimé.

« Les continuations de privilége n'étaient pas seulement de pure tolérance, elles étaient aussi de justice. Il est difficile, en effet, de se persuader qu'en imposant la nécessité d'obtenir un privilége ou une simple permission, nos rois aient entendu dépouiller un auteur de la propriété d'un ouvrage dont il était le créateur. » Il conclut donc contre les règlements et en faveur de la perpétuité du droit de propriété littéraire.

Malgré tout, et sauf l'arrêt du Conseil du 30 juillet 1778, qui, par une interprétation favorablement extensive des précédents règlements, permit aux auteurs de faire imprimer leurs ouvrages et de les faire vendre pour leur compte, autant de fois qu'ils le jugeraient bon, par des libraires de leur choix, sans qu'on pût considérer ces actes comme des cessions de priviléges, sauf cette unique satisfaction donnée aux réclamations de l'opinion publique, les choses restèrent au même état jusqu'à la révolution.

On a dit que dans la mémorable nuit du 4 août 1789, où l'Assemblée nationale prononça l'abolition de tous les droits féodaux et de tous les priviléges, la propriété qui avait alors le malheur de s'appeler privilége fut atteinte par ricochet et emportée avec tous les droits illégitimes dont cette séance consacra la destruction [1]. Cela n'est point exact si on l'entend de la propriété littéraire elle-même, et n'est vrai qu'en ce qui concerne les prescriptions légales, les titres et les formes applicables à sa garantie. Et comme désormais cette propriété, quoique toujours subsistante en principe d'après le droit commun, paraissait cependant abandonnée sans protection suffisante, on porta la loi du 19 juillet 1793, dont nous parlerons tout à l'heure.

Cette absence momentanée, cet interrègne d'une législation spéciale sur le droit des auteurs fit naître un procès qui donna lieu de faire consacrer le principe que la propriété littéraire doit être considérée comme

---

[1] V. *Traité de la contref.*, par Et. Blanc, p. 244.

existant en vertu du droit commun, et en dehors de toute législation particulière ancienne ou nouvelle.

En effet, un sieur Behmer était libraire à Deux-Ponts, avant que cette ville ne fût prise et réunie à la France. Il y vendait alors une édition contrefaite de l'*Histoire naturelle* de Buffon. En l'an II, les troupes de la République française occupèrent la ville de Deux-Ponts. L'imprimerie et la librairie de Behmer furent séquestrés et lui-même se trouva mis en état d'arrestation. Mais, plus tard, il fut remis en liberté et on lui rendit l'exploitation de son fonds de librairie, à la condition, qu'il remplit, de s'établir désormais dans la ville de Metz. Là, Behmer, continuant son commerce, reprit la vente des exemplaires de son édition contrefaite de l'*Histoire naturelle*.

La veuve Buffon, avisée de ce fait, fit procéder à la saisie des exemplaires et poursuivit le libraire Behmer. Celui-ci, non-seulement excipa de son titre de propriété, de sa qualité de citoyen d'un pays réuni, de la force majeure, etc., mais il soutint, en outre, qu'un droit qui, comme celui des auteurs, est circonscrit par les lois, pour le temps et les lieux, ne saurait être un véritable droit de propriété, car la propriété est un droit absolu; son titre est essentiellement perpétuel; l'exercice en est respecté dans tous les pays civilisés. Behmer disait donc que ce qu'on appelait propriété littéraire n'était en réalité qu'une faveur particulière, qu'une exception au droit commun, un privilége; que le privilége de Buffon avait été anéanti avec tant d'autres par les lois des 4 et 20 août 1789; que la seule loi régissant la matière était, lors des poursuites, celle du 19 juillet 1793, laquelle ne disposait que pour l'avenir, et ne pouvait protéger les ouvrages des auteurs décédés.

Le 7 fructidor an VII, un jugement du tribunal civil de la Moselle accueillit d'abord ce dernier système et annula la saisie. Mais, sur le pourvoi de la veuve Buffon, la Cour de cassation [1] repoussa les prétentions de Behmer, et, attendu que les décrets du mois d'août 1789, qui ont aboli les priviléges et distinctions, et rendu la presse libre, n'ont aucun rapport avec la propriété acquise à l'auteur sur son ouvrage, le tribunal suprême cassa la sentence des juges du tribunal de Metz.

Nous ne connaissons à opposer aux principes ressortant de cet arrêt qu'une décision isolée du tribunal de commerce de Paris, du 21 octobre 1830, rapportée par M. Et. Blanc [2]. L'éditeur Schlesinger avait acquis de Rouget de Lisle la propriété du chant national *la Marseillaise*. M. Pacini et quatorze autres éditeurs crurent pouvoir publier cette composition en concurrence avec le cessionnaire de l'auteur, et, sur la difficulté qui s'ensuivit, le tribunal de commerce statua en ces termes :

« Attendu que le chant de *la Marseillaise* est tombé depuis près de quarante ans dans le domaine public; qu'il a été imprimé et vendu à une époque où aucune loi ne donnait le droit de propriété aux auteurs, autorise les quinze éditeurs à continuer de vendre le chant de *la Marseillaise*, paroles et musique. »

Avant d'aller plus loin, c'est ici, ce nous semble, l'occasion de mentionner que cette opinion, consistant à

---

[1] V. Sirey-Devilleneuve, t. I, p. 851.
[2] *Loc. cit.*, p. 329.

soutenir que le droit des auteurs n'est pas susceptible d'une durée illimitée, a amené à contester que les ouvrages collectifs des académies, des corps savants, administrations, etc., pussent être l'objet d'une jouissance ou propriété privée, « puisqu'il est de principe, a-t-on dit, qu'en matière de propriété littéraire, la jouissance exclusive ne peut être perpétuelle, et que le législateur ne la garantit à l'auteur qu'à la condition expresse, qu'après un certain temps, l'ouvrage tombera dans le domaine public, il est impossible d'attribuer cette puissance à des sociétés, à des êtres moraux qui peuvent ne pas cesser d'exister. » Mais M. Etienne Blanc [1] réfute cette argumentation dans les termes suivants :

« Cette doctrine nous paraît erronée... Il n'est pas exact de dire que la durée limitée soit un principe fondamental en matière de propriété littéraire. Le vrai, le seul principe fondamental, c'est qu'un ouvrage est la propriété exclusive de son auteur, quel qu'il soit, sans exception ni distinction. Quant à la durée du droit, elle n'est qu'une condition qui s'arrête aux bornes du possible, comme le dépôt, par exemple, qui n'est exigé ni pour la peinture ni pour la sculpture. La durée limitée n'est donc pas le principe de la propriété.

« D'ailleurs le principe de la propriété ne peut se trouver que dans la loi qui crée le droit, et non dans celle qui ne fait que le modifier. Or, la loi de 1793 et celles qui s'y réfèrent n'ont pas créé, mais seulement réglé la propriété littéraire qu'elles ont trouvée dans le droit commun. Si donc on rencontre dans cette législation régu-

---

[1] *Loc. cit.*, p. 380 et 381.

latrice quelques dispositions essentielles, il ne faut les considérer que comme une exception que l'on doit restreindre aux cas formellement prévus. De telle sorte que si, par la nécessité des choses, on se trouve placé en dehors de ces dispositions devenues inapplicables dans un cas donné, on retombe alors dans le droit commun, c'est-à-dire que la propriété deviendra, ou plutôt restera perpétuellement acquise à l'auteur. »

Quand on fait l'histoire du principe de perpétuité en matière de propriété littéraire, il ne faut pas pousser trop loin l'esprit de spécialité dans le choix des faits et documents qui peuvent la concerner. Tout ce qui a été dit et fait en vue des droits du génie et de l'intelligence appliquée soit aux œuvres des artistes, soit à celles des inventeurs, intéresse également le droit des écrivains. Toutes ces propriétés ont entre elles des analogies évidentes. Elles découlent d'une source commune; il doit être permis d'en rapprocher les théories et les titres.

Dès lors, et avant même de citer la loi de 1793, spéciale à la propriété littéraire, nous ne devons pas oublier le remarquable rapport de M. de Boufflers à l'Assemblée constituante sur la pétition des artistes inventeurs, ni l'exposé de principes qui précède la loi du 7 janvier 1791, et reproduit le préambule que Turgot fit suivre du célèbre édit de 1776.

Dans l'exposé de principes de la loi de 1791, l'Assemblée nationale débute en ces termes : « Considérant que toute idée nouvelle, dont la manifestation ou le développement peut devenir utile à la société, appartient à celui qui l'a conçue, et que ce serait attaquer les droits de l'homme dans leur essence que de ne pas regarder une découverte industrielle comme la propriété de son auteur, etc. »

En laissant de côté les décrets du 13-19 janvier 1791 et 31 août 1792, spécialement relatifs aux ouvrages dramatiques, nous arrivons au décret du 10 juillet 1793, qui s'applique à tous les genres d'écrits.

Ce décret fut précédé d'un important rapport de Lakanal, membre de la Convention. Il y proclame le principe que « de toutes les propriétés, la moins susceptible de contestation, c'est, sans contredit, celle des productions du génie; et si quelque chose peut étonner, ajoute le rapporteur, c'est qu'il ait fallu reconnaître cette propriété, assurer son libre exercice par une loi positive; c'est qu'une aussi grande révolution que la nôtre ait été nécessaire pour nous ramener sur ce point, comme sur tant d'autres, aux simples éléments de la justice la plus commune. »

Mais, néanmoins, comme le fait observer M. Victor Foucher [1], la propriété *la plus incontestable* se trouva réduite par le décret à une jouissance viagère pour l'auteur et à un usufruit de dix ans au profit de ses héritiers ou cessionnaires, pour tomber ensuite dans le domaine public. Ce délai fut étendu à vingt années en faveur des enfants et cessionnaires des écrivains, par les art. 39 et 40 du décret du 5 février 1810.

Telle est aujourd'hui encore la législation en vigueur sur cette matière [2].

A deux reprises, depuis 1810, on a tenté d'améliorer

---

[1] *Loc. cit.*, p. 335 et 336.
[2] V. cependant la loi récente du 8 avril 1854.

le régime de la propriété littéraire. Sous la Restauration, une Commission fut nommée, le 20 novembre 1825 ; elle devait rechercher et indiquer les améliorations dont pouvait être susceptible la législation sur ce point.

Après dix-huit séances, la Commission, présidée par M. de Larochefoucaud, et composée de pairs, de députés, de membres du Conseil d'État, de l'Institut et du Théâtre-Français, déposa un projet de loi dont les articles 2 et suivants portaient à cinquante ans, après le décès de l'auteur, la prorogation de jouissance au profit de la veuve, des héritiers, légataires, donataires ou cessionnaires de l'écrivain [1]. Ce projet n'eut pas de suite.

Après la révolution de juillet, une nouvelle Commission fut nommée le 22 octobre 1836. Le président était M. le comte de Ségur, et la question de la perpétuité du droit des auteurs y fut longuement discutée.

Sur un projet présenté, le 5 janvier 1839, par M. de Salvandy, ministre de l'instruction publique, et réduisant à trente ans le délai du précédent projet, une discussion eut lieu à la Chambre des pairs. M. le comte Portalis y défendit, avec éloquence, le principe dont nous esquissons l'histoire ; mais le projet fut adopté par la Chambre des pairs, le 1er juin 1839 [2].

A la Chambre des députés, la discussion se renouvela sur le rapport rédigé par M. de Lamartine, président de la Commission, qui proposa de nouveau le terme de cinquante ans [3].

[1] Coll. des proc.-verb. de la Comm., imp. 1826, chez Pillet aîné, Paris.
[2] V. *le Moniteur* des 26, 28, 29, 30 et 31 mai et 1er juin 1839.
[3] V. le rapport de M. Lamartine, du 13 mars 1841 ; *Monit.* du 24 *id.*, et brochure in-8°. Gosselin et Furne, 1841.

Le rapport fait au nom de la Commission touche un instant la question de perpétuité, dont il semble considérer l'examen comme une grande hardiesse et une grande nouveauté : « Une question préjudicielle, dit M. de Lamartine, devançait et dominait ces dispositions à prendre. Constituerons-nous la propriété des œuvres de l'intelligence à perpétuité ou pour un temps seulement? Nous ne nous la sommes pas posée, et nous dirons pourquoi. Nous étions une Commission de législateurs, et non une académie de philosophes.

« Comme philosophes, remontant à la métaphysique de cette question, et retrouvant, sans doute, dans la nature et dans les droits naturels du travail intellectuel, des titres aussi évidents, aussi saints et aussi imprescriptibles que ceux du travail des mains, nous aurions été amenés peut-être à proclamer théoriquement la perpétuité de possession des fruits de ce travail ; comme législateurs, notre mission était autre ; nous n'avons pas voulu la dépasser. Le législateur proclame rarement des principes absolus, surtout quand ce sont des vérités nouvelles; il proclame des applications relatives, pratiques, et proportionnées aux idées reçues, aux mœurs et aux habitudes du temps et de la chose dont il écrit le Code.

«Nous avons considéré que les idées sur la propriété littéraire n'étaient pas encore assez rationalisées; que ses mœurs n'étaient pas encore assez faites, que sa constitution n'était pas assez universellement européenne et internationale; qu'enfin ses habitudes n'étaient pas assez prises dans le droit commun des autres ordres de

choses possédées, pour qu'en constituant les droits ga-
rantis, nous pussions, du même coup, constituer dès aujourd'hui la transmissibilité sans limites à travers le
temps. En l'investissant, dans cette loi, des conditions
d'une possession complète, nous avons donc cru devoir
la limiter dans sa durée.

« Nous n'avons mis aucune limite à ses droits ; nous
lui avons mis une borne dans le temps. Le jour où le
législateur, éclairé par l'épreuve qu'elle va faire d'elle-
même, jugera qu'elle peut entrer dans un exercice plus
étendu de ses droits naturels, il n'aura qu'à ôter cette
borne; il n'aura qu'à dire *toujours*, où notre loi a dit *cinquante ans*, et l'intelligence sera émancipée. »

La loi fut définitivement rejetée le 2 avril 1841, à la
majorité de 154 voix contre 108. Ce qui amena ce résultat paraît être la conviction qui s'était emparée de la
Chambre, qu'en effet, la nature de la propriété intellectuelle n'était pas encore suffisamment étudiée et définie, et qu'en pareille situation il convenait d'ajourner
une nouvelle réglementation législative.

Voilà donc, sur cette matière, tous les faits de quelque valeur qui se sont produits en France. Il nous reste
à passer en revue, mais plus rapidement encore, ceux
de même nature que peut offrir l'histoire littéraire des
pays étrangers. Nous avons dû commencer par notre
pays, non pour céder au sentiment naturel du patrio-
tisme, mais parce que sur ce point, comme sur tant
d'autres, notre histoire est la plus complète, la plus
instructive. C'est chez nous que s'est élevée, qu'a été
scrutée, débattue d'abord, la haute question qui nous

occupe. Quelles que soient nos vicissitudes politiques, durant l'enivrement de nos grandeurs ou l'humiliation de nos revers et de nos affaissements momentanés, dans la paix ou dans la guerre, aux yeux de l'Europe et du monde, ça toujours été, ce sera longtemps encore, nous l'espérons, la glorieuse destinée de notre patrie, d'être la grande initiatrice des peuples à la vie sociale, d'offrir la représentation la plus complète du cours de la civilisation générale.

Notre préférence était donc légitime sous tous les rapports, et nous pouvons nous écrier, comme autrefois un illustre professeur, célèbre à bien d'autres titres : J'ai eu raison de choisir la France [1] !

Mais c'est aussi justice dans la circonstance, immédiatement après la France, l'Angleterre. Là, comme chez nous, le droit de propriété des auteurs sur leurs œuvres paraît avoir existé, en vertu du droit commun, avant toute disposition législative spéciale. A cet égard, Richard Godson, dans son *Traité des lois sur les patentes pour inventions et sur le droit de copie*, etc. [2], s'exprime ainsi : « Il suffira de dire qu'on admettait autrefois qu'aux termes de la coutume (*common law*), l'auteur d'un livre avait le droit illimité de disposer, même après la publication, des productions de cette nature de la manière qu'il lui plaisait, et que le statut de la huitième année du règne d'Anne fut fait uniquement pour *garantir* ce droit, en soumettant à des peines sévères ceux qui usurperaient cette propriété littéraire. »

[1] Guizot, *Histoire de la civilisation en France*, t. I, p. 5.
[2] Regnault, *Traduct.*, Paris, 1826, in-8°, p. 199.

Nous transcrirons ici le titre, le préambule et l'article 1er de ce statut, qui a servi de base à la législation actuelle de l'Angleterre sur le droit des écrivains :

« Acte de la huitième année du règne d'Anne, c. 19, ayant pour objet d'encourager l'instruction en conférant, dans les délais y énoncés, aux auteurs et à leurs acquéreurs, un droit de copie sur les livres imprimés.

« Considérant que, dans ces derniers temps, les imprimeurs, libraires et autres personnes se sont souvent permis d'imprimer, réimprimer et publier, ou de faire imprimer, réimprimer et publier des livres et autres écrits sans le consentement des auteurs ou propriétaires de ces livres et écrits, à leur grand préjudice, et trop souvent à leur ruine aussi bien qu'à celle de leur famille ;

« Afin d'empêcher ces abus de se renouveler, et d'encourager les hommes instruits à composer et écrire des ouvrages utiles ;

« Plaise à Votre Majesté, de l'avis et du consentement des lords spirituels et temporels des communes composant le Parlement actuel, ordonner et faire décréter, par l'autorité de ce Parlement, les dispositions ci-après :

« A compter du 10 avril 1710, l'auteur de tout livre ou livres déjà imprimés, qui n'a point transporté à un tiers la copie de ces livres ou de portions d'iceux, de même que les libraires ou imprimeurs, ou toutes autres personnes qui ont acheté ou acquis les copies de livres quelconques, dans le but de les imprimer ou réimprimer, auront le droit et la faculté exclusifs d'imprimer ces livres pendant le terme de vingt et un ans, à partir dudit jour 10 avril, et non au delà ; et l'auteur d'un ou de plusieurs livres quelconques déjà composés, mais non imprimés et publiés, ou qui seront, à l'avenir, composés, ainsi que ses concessionnaires, auront la faculté exclusive d'imprimer et réimprimer ces livres pendant le laps de quatorze ans, à courir du jour de la première publication de l'ouvrage, et non au delà, etc. »

On contesta que cet acte n'eût eu pour intention et pour effet que de *garantir* le droit des auteurs pendant un certain temps, plus efficacement que la loi commune, sans avoir entendu limiter la durée de ce droit lui-même. La question soulevée donna d'abord lieu au procès de Thomson contre Collins, qui ne reçut pas de solution définitive, mais bientôt elle se renouvela, en 1769, dans l'affaire Millar *versus* Taylor ; et, à ce propos, non-seulement la durée, mais la nature même de la propriété littéraire furent l'objet d'une discussion profonde. William Murray, comte de Mansfield, et le célèbre commentateur Blackstone furent au nombre des juges.

Je traduis ici le récit des faits tel qu'il est donné par Lowndes dans son *Historical Sketch of the law of Copyright* [1].

« Le libraire Millar acheta en 1729, de Thomson, la propriété de son poëme des *Saisons*, publié depuis un an environ. En 1763 (c'est-à-dire bien après l'expiration du délai de jouissance de vingt et un ans fixé par le statut de la reine Anne), Taylor, le défendeur, publia une autre édition de cet ouvrage. Millar, par suite de ce fait,

[1] Lowndes, p. 42 et suiv.

porta une action en dommages contre Taylor, en se fondant sur le droit de la coutume (*common law right*), et quoique tous les droits pouvant ressortir du statut fussent expirés depuis 1756 ou 1757. Les arguments produits contre le droit de propriété littéraire furent divisés en trois classes :

« 1° D'après sa nature même, le droit en question ne pouvait pas constituer une propriété véritable;

« 2° A supposer qu'une semblable propriété pût se concevoir, il n'était pas prouvé qu'elle eût jamais existé d'après la coutume;

« 3° Enfin, alors même qu'il serait prouvé qu'une telle propriété eût existé d'après la coutume, le statut de la huitième année du règne d'Anne, C. 19, l'avait définitivement détruite pour la remplacer par un droit de jouissance purement temporaire. »

Les avocats de Taylor appuyèrent ces divers points de leur système sur tous les arguments qui ont été produits jusqu'à ce jour par les différents adversaires de la propriété littéraire. La cause fut plaidée devant la Cour du Banc-du-Roi, et trois juges sur quatre se prononcèrent en faveur du droit de propriété absolue des écrivains.

La même question se représenta, en 1774, dans une affaire Donaldson et Becker, portée devant la Chambre des pairs, par appel d'une première décision rendue par la Cour de la chancellerie, dans le même sens que l'arrêt de l'affaire Taylor. Mais ici, la Chambre des lords cassa la sentence de la Cour de la chancellerie, en décidant que les auteurs avaient bien sur leurs écrits, d'après la coutume, un véritable droit de propriété, mais que la jouissance de ce droit avait été abrogée par le statut de la reine Anne, lequel, après les délais par lui fixés, refusait tout recours utile aux auteurs.

Ce dernier point fut décidé par une simple majorité de six juges contre cinq. Le douzième juge était le comte de Mansfield, faisant alors partie de la noble Chambre, et dont l'opinion, déjà exprimée dans l'affaire Taylor, était demeurée favorable à la reconnaissance du droit absolu des auteurs. Mais, malheureusement pour les écrivains, le comte de Mansfield crut devoir s'abstenir, dans cette circonstance, par délicatesse, « étant contre l'usage, disent les auteurs de *The Standard library Cyclopædia* [1], qu'un pair soutienne en appel, à la Chambre des lords, l'opinion qu'il a déjà exprimée dans un jugement de première instance. »

« Il est assez remarquable, ajoutent les mêmes auteurs, que ce qui peut à peine être appelé un jugement, puisque en fait les juges furent partagés d'opinion en nombre égal, ait été depuis considéré comme un précédent si important, et confirmé ultérieurement en tant de circonstances, qu'on doive regarder aujourd'hui comme définitivement passé en loi que la perpétuité du droit de copie a été détruite par les statuts. »

Cependant Christian, dans l'une de ses notes sur la partie des Commentaires de Blackstone, qui traite de la propriété littéraire [2], s'exprime ainsi à ce sujet :

[1] *Standard library Cyclopædia of political, Constit. Knowlege*, in four vol., London, 1848; t. II, p. 641, vᵒ COPYRIGHT.

[2] V. *Commentaries on the law of England*, book II, p. 107, in-8ᵒ, London, 1800.

« Ces questions ont été définitivement résolues en ce sens qu'un auteur n'a plus de droit maintenant, au delà des limites fixées par les statuts. Mais comme cette décision fut rendue contrairement à l'opinion de lord Mansfield, le savant commentateur, et de plusieurs autres juges, chacun, sans s'exposer à être taxé de présomption, peut encore se permettre de suivre son opinion personnelle sur cette matière. »

Un premier statut de George III (statut 41, G. III, cap. 107), tout en conservant la durée de jouissance de quatorze et vingt-huit ans, améliora cependant, sur quelques autres points, la condition des auteurs et des libraires ; puis, un second statut (G. III, 54, c. 156) porta la durée de jouissance à vingt-huit ans, et décida qu'en cas de survivance de l'auteur, à l'expiration de ces vingt-huit ans, il conserverait la propriété de ses ouvrages jusqu'à sa mort.

Tel était l'état de la législation anglaise sur cette matière, lorsqu'en 1737 un homme d'une rare intelligence, doué tout à la fois d'imagination, de sens pratique et de cette persistance qui forme l'un des traits distinctifs de la race saxonne, tenta de nouveaux efforts en faveur des hommes de lettres. Nous voulons parler de M. Talfourd, avocat à la Cour des plaids communs (*sergeant at law*), célèbre aussi bien comme jurisconsulte que comme littérateur, car on le compte parmi les *essayistes* les plus distingués de l'Angleterre, et il est l'auteur d'une tragédie d'*Ion*, qui a obtenu un grand succès à Londres.

Membre de la Chambre des communes, M. Talfourd y présenta, à plusieurs reprises, une motion qui, soutenue avec une chaleureuse éloquence [1], fut accueillie avec faveur, et obtint plusieurs lectures, mais, par suite de divers incidents politiques et parlementaires, ne put arriver à être convertie en loi.

Néanmoins, les généreux efforts du sergent Talfourd, les discussions approfondies qu'ils suscitèrent dans le Parlement et dans la presse, les pétitions qui vinrent les appuyer, et parmi lesquelles on cite celles de l'historien Alison, du poëte Wodsworth, et le factum si spirituel et si original de l'écrivain Carlyle, dont M. Laboulaye, à qui nous empruntons la plupart de ces détails, a donné une fine traduction dans l'excellent travail que nous avons déjà eu occasion de mentionner : tout cela ne pouvait demeurer complétement stérile.

Aussi, en 1842, l'historien lord Mahon ayant repris la motion, son projet, légèrement modifié, devint la loi qui régit aujourd'hui la propriété littéraire chez nos voisins d'outre-Manche, c'est-à-dire le statut 5 et 6, Victoria, cap. 45, par lequel la jouissance du droit de copie appartient aux auteurs pendant toute leur vie, et se prolonge encore sept ans après leur mort, ou quarante-deux ans à partir de la première publication. Certaines dispositions de ce statut, qui règlent clairement ce qui concerne les encyclopédies, les dictionnaires et les articles insérés dans les revues, journaux, ou *Magazines*, et enfin tous les livres à la rédaction desquels celui qui en est l'éditeur, ou qui en a conçu l'idée (*publisher or pro-*

---

[1] V. *Talfourd's Miscellaneous writtings. Speeches on the law of copyright*, 18 may 1837 ; april 25 1838 ; february, 28 1839 ; *the modern British Essayists*. Philadelp, 1850, 8°, v. p. 159 and sq.

jactor), a employé divers écrivains [1], auraient empêché de naître, en Angleterre, un grand procès littéraire, dont les débats retentissaient tout récemment au Palais de Paris.

Disons encore que la loi anglaise, voulant prévenir une des objections dirigées contre la propriété littéraire, a pris ses précautions contre la suppression, peu probable, mais possible, de tel ou tel ouvrage, utile à la société ; et, quoique cette législation, comme nous venons de le voir, n'ait pas admis la perpétuité, elle stipule néanmoins (statuts 5 et 6, Vict., cap. 45, 5e sect.) que si l'on adresse au Comité judiciaire du Conseil privé une plainte, portant que celui à qui appartient le droit de copie d'un livre refuse, après la mort de l'auteur, de le publier et imprimer de nouveau, ou d'en laisser opérer la réimpression, le Comité judiciaire peut accorder au plaignant le droit de publier le livre, de telle manière et à telles conditions que le Comité jugera convenables.

Enfin, nous ajouterons seulement quelques mots en ce qui concerne le droit international :

« Il n'y a pas longtemps, dit M. Burke [2], qu'on débattait encore la question légale de savoir si, en Angleterre, un auteur étranger pouvait avoir, dans un cas quelconque, droit de propriété sur ses œuvres. Le procès récent de Boosey, *versus* Jeffery (20, *Law Journal Reports, Exchequer*, 354), a cependant élucidé la matière...

« Dans cette cause, qui a été définitivement jugée sur

[1] V. *Standard library Cycl.*, v° COPYRIGHT.
[2] Burke, *The law of international Copyright between England and France*. Edit. bilingue. Londres, 1852.

un appel comme d'abus, à la Chambre de l'Echiquier, devant le lord premier juge Campbell, etc., il a été reconnu que si un étranger, résidant en Angleterre, ou dans son pays, commence un ouvrage littéraire et le fait imprimer pour la première fois en Angleterre, il se trouve dans la catégorie des auteurs qui jouissent du bénéfice des statuts anglais en faveur de l'encouragement des sciences, et il y jouit du droit de propriété sur son ouvrage.

« Mais il faut bien comprendre que cette espèce de propriété repose entièrement sur le fait d'une première publication en Angleterre. Si l'ouvrage de l'auteur étranger paraît d'abord dans son pays ou dans tout autre pays que le Royaume-Uni, sa production tombe, en Angleterre, dans le domaine public. C'est alors une propriété commune à tous, dont peut profiter quiconque veut s'en emparer, à moins que l'auteur étranger ne trouve protection par un arrangement mutuel entre le royaume britannique et le pays dont il est sujet. »

Or, si la publication n'a pas eu lieu primitivement en Angleterre, on sait qu'elle se trouve maintenant protégée par les récentes conventions internationales que tout le monde connaît [1].

Aux Etats-Unis, le Congrès, dans sa seconde session (1790), en vertu des pouvoirs conférés à cet effet par l'un des articles de la Constitution générale, passa d'abord un acte qui donnait à l'auteur, pendant sa vie, un

---

[1] V. Actes des 7e et 8e années du règne de Victoria, ch. XII (10 mai 1844), et 15e et 16e, *id.*; ch. XII (28 mai 1852), et la convention signée à Paris le 3 novembre 1851, entre le gouvernement de la Grande-Bretagne et la République française, ratifiée le 8 janvier 1852.

délai de jouissance de quatorze ans sur son œuvre, avec prolongation pour une seconde période de quatorze ans, si l'écrivain se trouvait survivre à l'expiration du premier terme. Cet acte fut ensuite amendé par une loi postérieure de 1802; mais toutes ces dispositions se sont trouvées remplacées par l'acte passé le 3 février 1831, et qui règle aujourd'hui la matière.

Par cet acte, le droit de copie est assuré à l'auteur, citoyen des Etats-Unis, ou y résidant, pour un terme de vingt-huit années; et si lui, sa femme ou ses enfants survivent à cette période, il leur est accordé un nouveau délai de quatorze ans.

Le rapport du Comité judiciaire, comme l'a remarqué Lowndes [1], était conçu en termes qui devaient faire croire à la promulgation d'une loi plus favorable aux écrivains. Le rapport disait, en effet : « Votre Comité pense que les justes plaintes des auteurs requièrent de la législature une protection non inférieure aux propositions contenues dans le projet de bill en question. D'après les principes fondamentaux en matière de propriété, un auteur a un droit exclusif et *perpétuel*, par préférence à tous autres, sur les fruits de son travail. Quoique la nature de la propriété littéraire soit toute particulière, elle n'en est pas moins réelle et importante, etc. »

Aussi, la loi fut-elle l'objet de quelques critiques de la part des publicistes américains, et à ce propos, M. Nicklin, auteur d'un article sur la propriété littéraire, inséré dans le *American Jurist*, vol. X, en signalant l'espèce de contradiction existant entre les termes du rapport et le

---

[1] *Loc. cit.* Appendix, p. 114.

bill lui-même, déclare qu'il est convaincu que le Comité aurait certainement présenté un bill consacrant le principe de la perpétuité, s'il eût pensé que l'esprit public fût réellement préparé à une mesure aussi radicale. « Mais, ajoute-t-il, tout nous porte à penser que le temps n'est pas loin où les écrivains seront enfin mis sur le pied de l'égalité avec tous les autres hommes, en ce qui touche le produit de leur travail. »

Il nous reste à signaler les faits intéressants pour le principe de perpétuité chez deux nations européennes, la Hollande et l'Espagne.

Dans le premier de ces deux pays, le 8 décembre 1796, une loi, particulière à la province de Hollande, abolit les priviléges pour l'impression et la publication des livres. Le droit de propriété y fut reconnu de la manière la plus absolue en faveur des auteurs, de leurs héritiers, cessionnaires et héritiers de ceux-ci. Puis, quelques années après (3 juin 1803), une loi rendit ces dispositions applicables à toute la république batave.

Momentanément réunie à la France, la Hollande dut se soumettre, pendant la réunion, aux principes de notre propre législation. Mais, le 24 janvier 1814, on proclama de nouveau en Hollande le droit de *propriété perpétuelle en matière de propriété littéraire*, et il resta en vigueur jusqu'au 25 janvier 1817, époque à laquelle le système contraire prévalut dans une loi dont l'art. 3 est ainsi conçu : « Le droit de copie, décrit aux articles précédents, ne pourra durer que vingt ans après le décès de l'auteur ou du traducteur. »

La législation espagnole est généralement peu connue. M. Renouard n'en fait aucune mention, et M. Victor Foucher, dans le travail, très-estimable d'ailleurs, que nous avons déjà cité, s'est exprimé sur le compte de cette législation d'une manière vague et dubitative : « En Espagne, dit-il, une loi de 1805 *doit* admettre la perpétuité du droit de l'auteur [1]. »

L'examen des textes ne laisse cependant aucun doute. Nous donnerons, d'après M. de Cardenas, directeur de la revue de jurisprudence intitulée *El Derecho moderno*, un court exposé historique de la législation de l'Espagne sur la matière qui nous occupe, en traduisant quelques passages d'un article inséré dans ce recueil en 1847 [2].

« Quand l'art de l'imprimerie s'introduisit en Espagne, dit ce jurisconsulte, aucune restriction ne fut d'abord imposée à la faculté d'imprimer des livres, et personne dans le monde ne prévit l'influence que cette découverte devait exercer sur la société, les institutions et les coutumes...

« Les monarques catholiques détournèrent promptement le danger, et nos souverains don Fernando et doña Isabelle, par la pragmatique du 8 juillet 1502, prohibèrent l'impression de tout livre sans la licence expresse des archevêques et des présidents d'audience, suivant les provinces (L. 1, t. XVI, liv. VIII, *Nova Recopilacion*).|

« Postérieurement, Charles Ier, en 1554, attribua cette faculté au Conseil (L. 2, *id.*, *id.*, *id.*).

---

[1] *Loc. cit.*, p. 370 *bis*.

[2] *El Derecho moderno*, in-8°, Madrid, 1847, t. I, p. 149 et suiv.

« Philippe II, en 1598, fixa la taxe du prix des livres (L. 5, *id.*, *id.*, *id.*).

« Philippe III défendit, sous des peines très-sévères (L. 7, *id.*, *id.*, *id.*), d'imprimer à l'étranger des livres composés pour les habitants de l'Espagne ; et, dans cette même pensée, furent ensuite portées différentes dispositions restrictives de la liberté d'écrire.

« La conséquence de ces lois fut de convertir en privilége le droit des auteurs à imprimer leurs ouvrages ; et comme privilége, ce droit se trouva dès lors soumis au caprice du législateur... Autant se faisaient d'éditions, autant il fallait demander d'approbations, de licences et de taxes préalables... Avec de semblables lois, la propriété littéraire était impossible ; l'auteur n'avait sur ses œuvres d'autres droits que celui que voulait bien lui donner le Conseil.

« ... Charles III fit une réforme très-importante dans cette partie de la législation. Parmi les différentes lois qu'il promulgua dans le dessein de favoriser l'étude des lettres et ceux qui s'y livraient, il en est particulièrement deux qu'il faut signaler comme ayant assimilé complétement la propriété littéraire à la propriété ordinaire, en rendant les auteurs maîtres absolus de la disposition de leurs œuvres. Par la première de ces lois (L. 24, t. XVI, liv. VIII, *Nov. Rec.*), il défendit d'accorder aucun privilége exclusif, pour imprimer aucun livre, à toute personne qui n'en serait pas l'auteur, et, en conséquence, il interdit de concéder une telle permission à toute communauté séculière ou régulière, déclarant caduques les autorisations de cette espèce, antérieurement accordées. »

Quant à la seconde de ces lois, nous allons la transcrire ici tout entière :

« *Ordonnance royale du* 20 *octobre* 1764 (t. XVI, loi 25 [1]).

« *Des livres et de leur impression, licences et autres formalités requises pour leur entrée et circulation.*

« Les priviléges concédés aux auteurs ne s'éteindront pas par leur décès, mais passeront à leurs héritiers, pourvu que ceux-ci ne soient ni des communautés, ni des établissements de mainmorte, et les priviléges seront continués à ces héritiers, toutes les fois qu'ils en feront la demande, à cause de l'intérêt que méritent les personnes lettrées qui, après avoir illustré leur patrie, ne laissent d'autre patrimoine à leur famille que l'honorable trésor de leurs ouvrages, et aussi à l'effet d'exciter à l'imitation d'un si noble exemple. »

Ces lois et d'autres, rendues dans le même sens et en exécution des premières par le même monarque, furent confirmées par une circulaire de 1817 et restèrent en vigueur jusqu'en 1834.

Mais, à cette époque, l'Espagne crut devoir imiter les autres législations européennes et s'appropria le système restrictif. Le 4 janvier 1834, un décret sur l'impression, la publication et la circulation des livres, disposa que les auteurs ne conserveraient la propriété de leurs œuvres que pendant leur vie, et qu'ils pourraient la transmettre à leurs héritiers, mais seulement pendant dix ans; puis une ordonnance royale, du 5 mai 1837, reconnut la pro-

---

[1] *Novisima Recopilacion,* édit. de 1850, p. 106.

priété des auteurs sur les œuvres dramatiques, en se fondant sur les lois de Charles III.

De graves difficultés s'étaient élevées parmi les jurisconsultes espagnols, sur la question de savoir si l'on ne devait pas inférer des termes mêmes de cette dernière loi, et de quelques autres circonstances, que la loi restrictive de 1834 était abrogée, lorsqu'enfin, en 1847, le gouvernement présenta un projet de loi destiné à faire cesser tous les doutes, et qui accordait la propriété des ouvrages aux auteurs pendant leur vie, et à leurs héritiers pendant cinquante ans.

Le principe de cette loi ne paraît pas avoir soulevé d'objections sérieuses lors de sa discussion. Un membre du Sénat, el senor Ondovilla, manifesta seulement le désir que la Commission donnât des explications sur les motifs qui l'avaient déterminée à ne pas faire à la propriété littéraire une condition égale à celle de la propriété commune. Sur quoi Garcia Goyena, l'un des membres de la Commission, pour satisfaire à cette requête, expliqua les points de différence existant, suivant ses collègues, entre les deux propriétés, et personne ne paraît avoir éprouvé la velléité de chercher à réfuter les arguments du défenseur du projet, arguments qui sont la reproduction de ceux qu'ont mis partout en avant les adversaires du principe de la propriété littéraire absolue.

Le projet du gouvernement fut donc converti en loi, le 10 juin 1847.

Nous avons rappelé tout ce qui a été dit, tout ce qui a été fait touchant le principe de la durée perpétuelle en matière de propriété littéraire [1]. Il en résulte que ce principe n'est pas précisément aussi nouveau que beaucoup paraissent le croire; qu'il a dû exister dans l'antiquité; qu'il a continué d'exister sans examen, mais aussi sans conteste comme sans garantie efficace, durant le moyen âge, jusqu'au siècle de la découverte de l'imprimerie; qu'à partir de cette époque les dispositions législatives qui ont paru l'atteindre avaient moins pour but de méconnaître ou de restreindre le droit de propriété perpétuelle que d'enchaîner la liberté de la presse, de cette puissance nouvelle dont on redoutait les tendances et les abus; que ce même principe a été, au contraire, consacré maintes fois en France et à l'étranger; que de 1789 à 1793 le droit des écrivains a été reconnu constituer une propriété de droit commun, existant en dehors et en l'absence de toutes lois et garanties spéciales; qu'enfin, adopté par plusieurs nations de l'Europe, il a, dans ces derniers temps, disparu successivement de toutes les législations modernes.

Cette disparition doit-elle être définitive? Les discussions soulevées dans les Commissions et devant les Chambres, en 1826, 1839 et 1841; la prorogation projetée du délai fixé par la loi de 1810, les réserves du rapport de M. de Lamartine, les récentes publications que nous avons signalées et les termes des dernières déci-

---

[1] Il n'entrait pas dans notre plan, on l'a compris, de rappeler les discussions théoriques isolées, les opinions individuelles; toutes celles que nous avons citées se rattachaient à des actes émanés de l'autorité politique ou judiciaire; autrement nous n'aurions pas dû négliger les éléments fournis par une multitude de philosophes et de publicistes : Kant, Locke, Cousin, etc... Bossange, Jobard de Bruxelles, etc., etc.

sions judiciaires, tout cela ne pourrait-il pas faire penser, au contraire, que le dernier mot n'a pas encore été dit sur la valeur et l'avenir de ce principe ?

Si nous sommes bien informés, ces questions vont être l'objet d'un examen nouveau : nous avons dû, quant à présent, borner notre rôle à celui de narrateur. Nous avons entendu seulement, comme nous le disions au début de ce travail, indiquer les sources principales, rassembler les matériaux importants relatifs à la perpétuité du droit de propriété littéraire.

LIVRE I.

THÉORIE. — PRINCIPES.

---

§ I.

**La base de la propriété c'est le travail libre
et le service rendu.**

La raison universelle nous dit que l'homme est né
avec des besoins dont la satisfaction est pour lui un
droit nécessaire, indispensable. Dieu ne pouvait manquer d'y pourvoir. Il a, dans cette vue, donné à l'homme
l'activité intellectuelle et matérielle. C'est au moyen de
cette activité, librement exercée sur tout ce qui compose le domaine terrestre, que l'homme peut parvenir
à la satisfaction de ses besoins physiques et moraux.
Ame et corps tout à la fois, créé, non pour l'isolement,
mais pour la famille et l'état social (son véritable état de
nature), non pour l'immobilité de l'instinct station-
naire, mais pour le mouvement et le progrès d'une raison
perfectible, l'homme pense et agit dans son intérêt individuel et au profit de ses semblables; il cueille les
fruits de la terre, il la cultive; il chasse, pêche, élève
et conduit les troupeaux, invente de nouveaux procédés,
découvre, maîtrise, et dirige, les unes après les autres,
toutes les forces apparentes ou cachées de la nature, la
gravitation, le magnétisme, la lumière, le calorique, l'é-
lectricité; il cherche, il trouve, il applique dans les arts

les lois de la beauté ; il compose de merveilleux spectacles qui ennoblissent son âme, et réjouissent ses yeux ou ses oreilles. De tous ces efforts, il a incontestablement le droit de recueillir les fruits, d'en tirer l'*utilité* pour lui, de les échanger contre d'autres fruits nés des efforts d'un de ses semblables, c'est-à-dire de tirer la *valeur* de son travail, lorsque ses efforts s'élèvent, dans la pensée de quelque autre homme, à la hauteur sociale d'un *service*. Lui contester ce droit, c'est lui contester la vie, c'est anéantir l'humanité.

Ce droit, la propriété la plus essentielle et la première de l'homme, peut donc être défini : le droit pour l'homme d'exercer librement son activité pour satisfaire ses besoins légitimes et ceux de sa famille, ou, comme le dit l'éminent économiste, le regrettable Frédéric Bastiat (*Harmonies économiques*, 2e édit., page 232) : « La propriété, c'est le droit de s'appliquer à soi-même ses propres efforts, ou de ne les céder que moyennant la cession en retour d'efforts (réputés) équivalents. »

Donc, la base originelle, la source divine, unique, de la *valeur*, c'est-à-dire de la propriété sociale, échangeable, de la propriété telle qu'on l'entend ordinairement, c'est l'exercice de l'activité humaine, c'est l'effort matériel ou intellectuel, c'est le travail, et, en dernière analyse, le *service* rendu par nos labeurs.

§ II.

Ce que c'est que l'appropriation.

L'un des modes d'exercice de cette activité, c'est l'*appropriation*, car il est évident que beaucoup d'efforts ne pourraient être utilement accomplis, bien des travaux ne sauraient produire leurs fruits dans l'intérêt de celui qui les aurait exécutés, si, dans la plupart des cas, la portion de matière, l'objet auquel ils se sont appliqués, ne devait pas, par une sorte d'accession nécessaire, d'annexe indispensable, devenir le *propre*, le *sien* de l'homme, être *approprié* à ses besoins. Ses efforts à la pêche ou à la chasse, à quoi aboutiraient-ils, en effet, sans l'appropriation du poisson et du gibier? — Comment serai-je rémunéré des sueurs versées dans le sein de telle portion de la terre pour la cultiver, la féconder, l'améliorer, l'embellir, si cette portion de terre, avec les moissons qu'elle porte et qu'elle portera, ne devient *mienne?*

Mais, qu'on le remarque bien, l'appropriation n'est, en définitive, qu'une conséquence, un accident secondaire, une condition nécessaire, il est vrai, le plus souvent, mais pas toujours, pour arriver à la fin providentielle, la satisfaction des besoins de l'homme.

§ III.

Comment s'opère l'appropriation.

Et, maintenant, comment s'opère l'appropriation ?

Toutes ces choses utiles, tous ces objets matériels, terres, métaux, toutes ces forces de la nature, dont l'homme peut tirer parti, sur lesquels il peut exercer son activité, tout cela se trouve confondu d'abord dans la communauté originelle; et, ici, comprenons-nous bien, évitons une première confusion, trop souvent faite par les anciens philosophes et trop longtemps accréditée : nous n'entendons pas parler d'une communauté *primitive*, et, pour ainsi dire, *contractuelle*, car elle supposerait un véritable contrat impossible, en vertu duquel, à une époque et dans des circonstances dont la mémoire des hommes n'a conservé nul souvenir, et dont l'histoire n'a jamais fait mention, tous faisant renonciation de leur possession particulière, chacun, en consentant la confusion de sa possession avec celle de tous les autres, l'aurait ainsi transformée en une propriété commune; une pareille communauté n'est qu'une fiction mensongère, et, comme on l'a fait remarquer avec raison avant nous, loin d'avoir pu donner naissance à la possession privée, elle-même, au contraire, l'aurait supposée. « On a donc tort, comme le dit M. Barni (*Analyse critique de la doctrine du droit*, XXXII), de se représenter cette sorte de communauté comme l'état naturel des hommes, puisqu'elle aurait eu besoin elle-même d'être *instituée*. Par conséquent, ce qu'il faut entendre par la possession originairement commune dont il est ici question, c'est uniquement le droit qu'a chacun, antérieurement à tout acte juridique, d'être là où la nature et le hasard l'ont placé, et de faire sien, pour son usage privé, ce que personne ne s'est encore approprié. Dire que la terre est originairement commune, ce n'est rien dire autre chose, sinon que chacun a également le droit d'en faire sa possession privée, pourvu qu'en usant de ce droit pour lui-même, il le respecte à son tour chez les autres, ou pourvu qu'en cela l'exercice de sa liberté puisse s'accorder, suivant une loi générale, avec celle de tous... Ce droit est incontestable, sans quoi il faudrait admettre que des choses pouvant servir à chacun auraient été faites pour rester sans possesseur, ce qui est contradictoire. »

Il y a, en effet, comme nous l'avons dit, nécessité évidente pour l'homme de pouvoir retirer les choses de cette communauté originaire, en présupposant l'assentiment tacite de tous. C'est là une loi générale, absolue, de la raison universelle ; car refuser ce droit de retrait à l'homme, ou exiger à chaque fois qu'il voudrait l'exercer l'intervention actuelle et effective du consentement formel de tous les autres hommes, c'est, nous le répétons, vouloir rendre la vie individuelle et sociale impossible, c'est anéantir l'humanité.

« Dira-t-on, s'écrie à ce propos Locke (*Du Gouvernement civil*, édit. de 1802, p. 72 et s.), dira-t-on que c'est un vol de prendre pour soi et de s'attribuer uniquement ce qui appartient à tous en commun? Si un tel consentement était nécessaire, la personne dont il s'agit aurait pu mourir de faim, nonobstant l'abondance au milieu de laquelle

Dieu l'a mise. Nous voyons que dans les communautés qui ont été formées par accord et par traité, ce qui est laissé en *commun* serait entièrement inutile, si on ne pouvait en prendre et s'en approprier quelque partie et par quelque voie : il est certain qu'en ces circonstances on n'a point besoin du consentement de tous les membres de la société... S'il était nécessaire d'avoir un consentement exprès de tous les membres d'une société, afin de pouvoir s'approprier quelque partie de ce qui est donné ou laissé en commun, des enfants ou des valets ne sauraient couper rien, pour manger, de ce que leur père ou leur maître leur aurait fait servir en commun, sans marquer à aucun sa part particulière et précise. L'eau qui coule d'une fontaine publique appartient à chacun ; mais si une personne en a rempli sa cruche, qui doute que l'eau qui y est contenue n'appartienne à cette personne seule ? Sa peine a tiré cette eau, pour ainsi dire, des mains de la nature, entre lesquelles elle était commune et appartenait également à tous ses enfants, et l'a appropriée à la personne qui l'a puisée. »

Revenons au mode d'opération de ce retrait : la prise de possession particulière (le retrait) d'une portion quelconque de ce fonds de communauté originelle se fait-elle par l'occupation physique, au moyen d'une détention matérielle de l'objet qu'on prétend approprier ? Tous les anciens législateurs l'ont écrit ou supposé ; or, c'est là une erreur ! Sans doute, il y a un *moment* où la détention physique joue un rôle dans ce mode particulier de l'exercice de l'activité humaine qu'on appelle l'appropriation ; mais cette appréhension matérielle n'est pas notre premier titre pour arriver à l'appropriation, elle n'est que secondaire. L'*appropriation* a lieu d'abord d'une façon plus noble et plus conforme à la nature intelligente de l'homme; elle s'accomplit par une prise de possession purement *intelligible* (exclusivement morale), abstraction faite de toute détention matérielle, en vertu seulement de notre arbitre, de notre volonté, du consentement universel, rationnellement supposé de tous les autres hommes, à cause des principes et de la loi nécessaire, naturelle, générale ci-dessus posée.

Cette haute et incontestable vérité, c'est Kant qui l'a affirmée le premier, c'est à lui que nous réserverons l'honneur, bien naturel, de l'expliquer. On nous permettra de nous effacer un instant devant une intelligence aussi supérieure, et de lui laisser pour un moment la parole :

« Le *mien* de droit (*meum juris*) est ce avec quoi j'ai des rapports tels que l'usage qu'en pourrait faire un autre, sans ma permission, me lèserait. La condition subjective (*extérieure*, par opposition à *objective*, intérieure) de la possibilité d'un usage quelconque est la *possession*.

« Mais quelque chose d'*extérieur* n'est mien qu'autant que je puis justement me supposer lésé par l'usage qu'un autre fait de cette chose, *quoique je n'en sois pas en possession*. Il est donc contradictoire d'avoir quelque chose d'extérieur comme sien, si la notion de la possession n'est pas susceptible de deux sens différents; c'est-à-dire s'il n'y a pas une possession *sensible* (*matérielle*) et une possession *intelligible* (*non matérielle*), et si par l'une on ne pouvait entendre la possession *physique* d'un objet, et par l'autre la possession *simplement juridique* de ce même objet.

« … Je puis appeler mien une chose corporelle, quoique je n'en aie pas la possession physique, mais si, cependant, je puis affirmer que j'en ai une autre possession réelle, non physique. Car je n'appellerai pas mienne une pomme par la raison que je la tiens dans ma main, que je la possède physiquement, mais seulement si je puis dire : je la possède, quoique ma main l'ait mise quelque part où elle est encore. De même, je ne puis dire du fonds sur lequel je suis assis qu'il soit mien par cette raison, mais seulement si j'ai le droit d'affirmer qu'il est toujours en ma possession, quoique j'aie quitté la place que j'occupais. En effet celui qui, dans le premier cas (le cas de la possession empirique, matérielle), voudrait m'arracher la pomme des mains ou me faire quitter la place où j'étais, me blesserait sans doute par rapport au *mien* intérieur (à ma liberté), mais il ne me blesserait point par rapport au mien extérieur, si je ne pouvais pas affirmer que je suis, même sans détention, possesseur de l'objet. »

Kant, après avoir ainsi distingué la violation de la liberté de la violation de la propriété, fait voir qu'il n'y a que l'admission d'une possession immatérielle qui rende possible le maintien du droit sur la chose appropriée, et explique l'action que peut exercer l'appropriant contre son spoliateur.

« Une place sur la terre, ajoute-t-il, en effet, n'est donc pas quelque chose de mien extérieur par la raison que je l'occupe avec mon corps (car il ne serait ici question

que de ma liberté extérieure, par conséquent de la possession de moi-même, qui ne suis pas une chose extérieure à moi ; il ne s'agirait donc que d'un droit interne) ;
mais , si je la possède encore, quoique je m'en sois éloi-
gné, et que je me trouve dans un autre lieu, alors seulement se trouve intéressé mon droit extérieur, et celui qui
voudrait faire de ma présence constante en cet endroit
la condition de l'avoir comme mien doit soutenir qu'il
n'est pas réellement possible d'avoir quelque chose d'extérieur comme sien, ce qui est contraire au *postulat*, § 2,
cette loi générale de la raison pratique qui ne veut pas que,
faute de possibilité d'appropriation individuelle, toutes
les choses utiles soient pour ainsi dire anéanties au point
de vue pratique en restant des choses sans maître (*res
nullius*), ou bien celui-là exige que, pour que j'aie
quelque chose d'extérieur comme mien, j'occupe deux
lieux à la fois. Ce qui voudrait dire, en d'autres termes,
que je dois être et n'être pas en même temps dans un
même lieu ; ce qui est contradictoire[1]. »

Il y aurait contradiction, en effet, à reconnaître un
droit de propriété, c'est-à-dire un lieu juridique, et par
conséquent purement rationnel, entre les hommes, par
rapport aux choses, et à méconnaître en même temps la
possibilité d'une possession purement métaphysique.
« Pourquoi alors, fait observer l'un des commentateurs de
Kant (Tissot, *Introduction*, p. XXIX), ne pas subordonner
encore ce droit au degré de force physique avec lequel on
détiendrait la chose contre une tentative de spoliation ?
Nier la possession rationnelle pure ou la subordonner à la

---

[1] V. Kant, trad. Tissot, p. 61 et suiv., *Princip. métaphys. du droit.*

possession physique au point de l'en rendre inséparable, c'est donc proclamer le droit de violence ; c'est mettre la force à la place de la justice ; c'est rabaisser l'homme au niveau de la brute. »

Ces réflexions sont parfaitement justes ; et une assertion de Locke (p. 112), bien que contestable au point de vue de la loi positive et actuelle, aide cependant à concevoir quelle peut être la puissance de la pure volonté de l'homme, extérieurement manifestée, en matière d'appropriation, et comment il peut, à cet égard, être considéré comme ayant déjà un droit sur un objet extérieur, avant même d'avoir pu arriver à la détention matérielle de cet objet. « Si quelqu'un, dit l'auteur du *Gouvernement civil* (p. 76), parmi nous, poursuit à la chasse un lièvre, ce lièvre est censé appartenir, durant la chasse, à celui seul qui le poursuit. » Tout le monde regarderait au moins comme commettant une action indélicate le nouvel intervenant qui, sous les yeux du premier chasseur, viendrait tuer le lièvre forcé par les chiens de celui-ci ou déjà grièvement blessé.

Enfin, passant du droit *réel* au droit *personnel*, Kant fait voir que pour les contrats, pour ces sortes de propriétés qu'on appelle les *obligations*, pour les acquisitions d'une action sur la liberté et la fortune d'autrui, il faut également s'élever au-dessus du concept de la possession empirique ou de la simple détention, et concevoir la possession comme une manière d'avoir indépendante de toute condition d'espace et de temps, de telle sorte que le concept d'un objet extérieur ne désigne plus un rapport physique, mais un rapport purement intellectuel (Kant, p. 112. cf. Barni xxvi et xxiii).

Une prestation, en effet, constitue une partie de mon bien, si, abstraction faite de son existence dans le temps, et, par conséquent, sans que je sois en rapport immédiat avec elle dans le présent, je puis dire qu'elle est mienne, que le libre arbitre d'autrui est tenu, par un lien de droit, de la réaliser à mon profit (Tissot, xxv et xxvi).

Une pareille conception domine de bien haut toutes les idées antérieures sur l'appropriation. Elle est autant au-dessus des notions antiques sur cette matière que l'âme est au-dessus du corps. Il ne faut pas s'étonner d'ailleurs qu'elle se soit fait attendre si longtemps; l'homme et sa raison marchent pas à pas. L'histoire de toutes les sciences et de toutes les institutions, l'histoire même des religions attestent que toutes les vérités se manifestent d'abord à l'homme sous une forme concrète, matérielle, avant de recevoir une forme abstraite. « Je puis, dit M. Cousin (*Du Vrai, du Beau et du Bien*, p. 41), apercevoir la vérité de deux manières différentes... Or, de ces deux manières quelle est celle qui précède l'autre dans l'ordre chronologique de la connaissance humaine? N'est-il pas certain et peut-il ne pas être avoué par tout le monde que le particulier précède le général, que le concret précède l'abstrait, que nous commençons par apercevoir telle ou telle vérité déterminée, dans tel ou tel cas, dans tel ou tel moment, dans tel ou tel lieu, avant de concevoir une vérité générale, indépendamment de toute application et des différentes circonstances de lieu et de temps? »

Il est donc certaines formes de la vérité qui ne sont

pas accessibles aux intelligences humaines, avant une époque déterminée. Le plus grand génie n'y peut rien ; il y faut le temps et le travail antérieur et progressif des générations successives. Aussi les Romains ont-ils commencé par donner à tous les termes de droit applicables à la matière qui nous occupe des significations concrètes, matérielles. Ils ont d'abord appelé le droit de propriété *mancipium;* c'est la capture manuelle, *manu captum.* Ils l'ont appelé ensuite *dominium,* parce que ce droit ne pouvait appartenir alors qu'au chef de maison — *dominus* — au maître de la famille, au despote du foyer domestique. Et, pour arriver à l'objet même qui nous occupe en ce moment, dans la langue latine, le mot *possideo* veut dire je suis *assis dessus,* ou *devant,* parce que les anciens ne comprenaient qu'une possession matérielle, et le sens primitif de l'appellation semble même donner à ce droit, pour condition de son maintien, la nécessité de la présence constante de l'appropriant sur le champ approprié. — Il était réservé aux temps modernes, aux nations spiritualistes et chrétiennes d'arriver à la notion intellectuelle, pure, abstraite de la possession, telle que Kant nous l'a donnée.

Voilà donc le premier *moment* de l'appropriation défini. L'homme, en vertu de la loi générale de la raison, en vue de la satisfaction de ses besoins, pour exercer son activité, a décidé de disposer de tel ou tel objet, de tel ou tel champ encore inappropriés. Cet acte de l'arbitre de l'homme a pu avoir lieu légitimement, du consentement universel, rationnellement, nécessairement supposé de tous les autres hommes, en vertu des principes posés en commençant. La société tout entière devra donc désormais garantie et protection à l'appropriant.

Mais évidemment, et c'est là maintenant le second *moment* de l'appropriation, pour que cet assentiment des autres hommes puisse être supposé intervenir et persister, il faut, tout à la fois, que l'appropriant, par son travail, en exerçant son activité sur l'objet ou le champ en question, remplisse la condition de cet assentiment, et mette la société, par ce signe visible, par cette manifestation extérieure, en demeure de fournir sa garantie, de donner sa protection. De telle sorte que le travail, en matière de propriété (on sait désormais quel sens et quelle portée nous donnons à ce mot), joue, dans les cas où l'appropriation est nécessaire, le double rôle de l'origine et du signe, de la cause et du titre du droit. Mais la possession matérielle, physique, n'est que secondaire. C'est la conséquence seulement de l'appropriation, comme l'appropriation elle-même n'est que la conséquence, dans certains cas, du droit nécessaire pour l'homme d'exercer son activité avec la certitude qu'il recueillera les fruits de ses efforts.

Nous devons dire que Kant, à qui nous empruntons cette vérité de la prise de possession immatérielle, en a malheureusement exagéré la portée, en faisant de la première occupation le fondement unique, absolu et définitif de la propriété, et en omettant le rôle du travail. M. Barni, l'un des traducteurs et des commentateurs de Kant, a senti, comme nous, l'insuffisance en ce point de la doctrine du philosophe, et dans son *introduction critique* (p. CLIII), M. Barni relève l'erreur en ces termes :

« C'est selon lui (Kant) une fausse opinion, si ancienne et si répandue qu'elle soit, que celle qui donne pour fondement à l'acquisition originaire du sol le premier travail appliqué à une terre, ou la première transformation de cette terre. On se rappelle la raison pour laquelle il repousse cette opinion : c'est que les formes nouvelles que le travail communique à la terre sont de purs accidents qui supposent toujours la légitime possession de la substance; en sorte que loin de pouvoir servir de fondement à la première acquisition d'une terre, le travail n'est lui-même légitime que par cette acquisition. Or, sans doute celui-là ne pourrait invoquer en faveur de la propriété d'une terre le travail que cette terre lui aurait coûté, s'il ne l'avait trouvée vacante, et c'est pourquoi il est nécessaire d'admettre d'abord comme première condition du droit de propriété, en fait d'acquisition originaire, la première occupation. Mais, cette condition remplie, il faut que, par mon travail, j'aie continué et achevé de rendre mien le sol dont j'ai pris possession, et que j'aie acquis ainsi un droit définitif à m'en déclarer propriétaire. Autrement il suffirait que quelqu'un mît le premier le pied sur une terre, et dît : Cette terre est à moi, pour qu'elle lui appartînt à jamais ! La conquête de la terre ne se fait pas si aisément, elle coûte plus cher. Le travail n'est pas seulement, comme le pense Kant, le signe extérieur de la possession de la terre; il en est la justification et comme le titre définitif. »

Ainsi donc, de tout ce qui précède, il résulte que dans la formation définitive de ce droit, né de l'application de l'activité de l'homme aux objets extérieurs, — dans les cas où l'appropriation est nécessaire,—on trouve, en résumé, par l'analyse (outre l'objet approprié lui-même, bien entendu), trois éléments distincts, on reconnaît trois phases successives : 1° la nécessité, le droit pour l'homme d'exercer son activité, avec la certitude qu'il recueillera le fruit de ses efforts et pourra échanger librement ses services; en d'autres termes, le droit de travailler, d'acquérir, de jouir et d'échanger. — 2° L'acte de sa volonté, par lequel il décide qu'il appliquera son activité à tel ou tel objet, et exerce cette prise de possession intelligible, la seule qui puisse bien rendre compte de l'origine et du maintien ultérieur du droit d'appropriation. — 3° Le travail effectif, l'effort de l'homme, qui est tout à la fois le signe extérieur, la manifestation visible, et la consécration nécessaire et définitive de l'appropriation. — Le premier et le dernier de ces trois termes sont seuls nécessaires pour fonder dans les autres cas le droit de propriété, comme nous l'avons défini en commençant; le terme intermédiaire n'existe que lorsque la propriété ne peut utilement s'exercer qu'à la condition de l'*appropriation* d'un objet extérieur.

§ IV.

Durée du droit de propriété.

Maintenant, quelle sera, dans le temps, la limite de l'appropriation? Cette appropriation doit durer évidemment tant que dure la nécessité de la loi générale en vertu de laquelle nous avons admis qu'elle avait lieu, c'est-à-dire qu'en principe elle est perpétuelle. — La perpétuité est l'attribut essentiel de la propriété, ce n'est qu'à cette condition qu'elle peut remplir ses fins providentielles, la satisfaction des besoins de l'homme et le progrès social.

Elle exige et comporte en même temps l'hérédité, car l'homme ne doit pas être considéré et ne se regarde pas lui-même comme isolé; il fait souvent autant et plus d'efforts pour ses enfants que pour lui-même; et nous avons justement défini son droit : le droit pour l'homme d'exercer son activité pour satisfaire à ses besoins *et à ceux de sa famille.* — Une loi qui interdirait la transmission de la propriété agirait donc, tout à la fois, contre la nature et contre l'intérêt de la société, en tarissant la source d'une grande partie des efforts des hommes.

M. Proudhon, le plus fameux des adversaires de la propriété, objecte, il est vrai : « Que le travailleur fasse les fruits siens, je l'accorde; mais, je ne comprends pas que la propriété des produits emporte celle de la matière. » (*Qu'est-ce que la propriété*, p. 112.) Ainsi, d'après cet auteur et son école, « au premier cultivateur la récolte qu'il a produite, mais non pas à lui la terre qui la porte et qu'il n'a pas créée. »

Mais il est facile de repousser cette objection, il suffit de faire observer que ce premier laboureur, en s'attaquant à une terre jusqu'alors inculte et *sans valeur* par elle-même (par *elle-même*, elle reste perpétuellement *sans valeur* nous l'établirons bientôt), n'a pas seulement créé la première récolte, il a évidemment encore ajouté une *plus-value* (si on peut s'exprimer ainsi en parlant d'une terre jusque-là sans valeur par elle-même) à l'utilité primitive du sol, par la culture seule d'abord, puis par les engrais, les amendements, les constructions, par tous les travaux qu'il a pu y exécuter. — Cette plus-value, c'est un produit de ses efforts, créé par lui ; il a donc le droit d'en disposer. Mais quoi ! ce produit fait corps avec le sol ; il en est inséparable ! il n'y a, dès lors, qu'un seul moyen de n'en pas dépouiller l'homme, c'est de lui permettre de posséder en même temps la matière première, par droit d'accession.

M. Ch. Comte (*Traité de la propriété*) a dit avec raison dans notre sens : « Un espace de terre déterminé ne peut produire des aliments que pour la consommation d'un homme pendant une journée : si le possesseur, par son travail, trouve moyen de lui en faire produire pour deux jours, il en double la valeur. Cette valeur nouvelle est son ouvrage, sa création ; elle n'est ravie à personne : c'est sa propriété. »

M. Proudhon, lui répond : « Je soutiens que le possesseur est payé de sa peine et de son industrie par sa double récolte, mais qu'il n'acquiert aucun droit sur le fonds. » (P. 112.)

Mais ce n'est pas là une réponse qui puisse valoir d'une manière absolue contre la propriété, car on réplique victorieusement par cet autre exemple :

Dans le cas cité par M. Ch. Comte, le produit a été beau, le bénéfice sur la récolte précédente est considérable, et M. Proudhon profite de cette circonstance pour soutenir que le cultivateur doit se trouver suffisamment rémunéré ; mais que dira-t-il dans cette autre hypothèse ? — Le terrain était inculte, couvert par un marais qu'il a fallu dix ans pour dessécher, assainir et rendre propre à la culture. Celui qui l'aura mis en valeur sera-t-il suffisamment payé de ses efforts, des chances qu'il a courues, et de ses sacrifices par la récolte produite ? Quand le sera-t-il ? qui fera l'évaluation ? Qui déterminera la limite de sa possession ? Quelle différence ferez-vous entre cet homme qui aura dépensé une partie de sa vie en labeurs sur ce champ si longtemps stérile et empoisonné, et l'heureux possesseur qui viendra cultiver sans peine, après le premier travailleur, cette terre en plein rapport ? Et si vous n'établissez pas de distinction, qui trouverez-vous pour dompter les difficultés naturelles, pour agrandir la terre cultivable, pour augmenter le capital social, pour civiliser, en un mot, l'humanité ?

§ V.

Ce qui constitue la valeur.

Mais, au surplus, toutes les attaques qui ont été dirigées contre le droit de propriété ont été motivées par cette erreur : que la terre, par elle-même, abstraction faite de la culture, du travail, que tous les objets, toutes les forces gratuitement fournies par la nature constituaient une *valeur*, quelque chose d'échangeable, par conséquent, contre un équivalent, — et que cette richesse naturelle, non produite par le travail de l'homme, mais accaparée par lui, constituait ainsi, de la part de celui qui s'en était saisi, qui la conservait ou la cédait à d'autres, une véritable spoliation, un enrichissement illégitime aux dépens de la communauté. — Or, une telle supposition est le résultat d'une confusion commise jusqu'à ces derniers temps par tous les économistes, par ceux-là mêmes qui sont les plus favorables au droit de propriété. — De cette confusion répandue dans leurs ouvrages sur la nature de la *valeur*, les communistes et autres adversaires de la propriété ont singulièrement abusé. C'est, en effet, sur les erreurs des économistes, sur le vague et la fausseté de leurs définitions, de leurs expressions, qu'on s'est appuyé pour échafauder ces systèmes, qui, après tout, se trouvant eux-mêmes fondés sur une erreur, étaient bâtis sur le sable et se sont écroulés au moindre souffle de la vérité. — A Frédéric Bastiat, enlevé trop tôt à la science, revient l'honneur d'avoir fait le jour dans cette confusion de l'économie politique. — Dans son beau livre des *Harmonies économiques*, où il a

enfin donné à la science économique une portée philosophique et pour ainsi dire religieuse, une âme et un
cœur dont on accusait cette science de manquer, Frédéric Bastiat a distingué avec soin l'*utilité* de la *valeur*, et
montré qu'il n'y a qu'une seule chose qui puisse créer
et contenir de la valeur, c'est le travail ; non pas même
le travail dans le sens ordinaire et restreint du mot, non
pas le travail tant qu'il n'est exécuté par un homme qu'au
profit et dans la préoccupation de lui seul, travail qui ne
produit alors que de l'*utilité*, mais seulement ce travail
qui devient un *service* rendu à un de nos semblables,
considéré comme tel par ce dernier, et pour lequel il
consent à donner une autre valeur librement jugée équivalente par les deux contractants.

Sur ce point, notre intention ne peut pas être de nous
livrer à une discussion approfondie : il la faudrait trop étendue pour qu'elle fût complète, claire et satisfaisante. D'ailleurs, il est inutile, et il serait prétentieux de vouloir refaire
ce qui a été si bien fait par un écrivain et un penseur aussi
éminent que Fréd. Bastiat. Il suffira de renvoyer à son livre
le lecteur désireux d'approfondir cette partie de la question[1]. Qu'il nous soit cependant permis d'en extraire
les quelques passages suivants :

« Je prétends démontrer que si, dans la production des
richesses, l'action de la nature se combine avec l'action
de l'homme, la première, gratuite et commune par essence, reste toujours gratuite et commune à travers toutes

---

[1] V. Notamment les chapitres *Echange, Valeur, Propriété* et *Communauté, Propriété foncière*, dans l'ouvrage intitulé *Harmonies économiques*.

nos transactions ; que la seconde représente seule des *services*, de la *valeur* ; que seule elle se rémunère ; que seule elle est le fondement, l'explication et la justification de la propriété. En un mot, je prétends que, *relativement les uns aux autres*, les hommes ne sont propriétaires que de la valeur des choses, et qu'en se passant de main en main les produits, ils stipulent uniquement sur la valeur, c'est-à-dire sur les services réciproques, se donnant, par-dessus le marché, toutes les qualités, propriétés et utilités que ces produits tiennent de la nature. » (V. p. 142.)

Et plus loin (p. 217 et s.) : « Des chapitres précédents, et notamment de celui où il a été traité de l'utilité et de la valeur, nous pouvons déduire cette formule :

« Tout homme jouit *gratuitement* de toutes les utilités fournies ou élaborées par la nature, à la condition de prendre la peine de les recueillir ou de restituer un service équivalent à ceux qui lui rendent le service de prendre cette peine pour lui. . . . . .

« Dieu a mis des matériaux et des forces à la diposition des hommes. Pour s'emparer de ces matériaux et de ces forces, il faut une peine ou il n'en faut pas. S'il ne faut aucune peine, nul ne consentira librement à acheter d'autrui, moyennant un effort, ce qu'il peut recueillir sans effort des mains de la nature. Il n'y a là ni services, ni échange, ni valeur, ni *propriété* possibles ; s'il faut une peine, en bonne justice elle incombe à celui qui doit éprouver la satisfaction, d'où il suit que la satisfaction doit aboutir à celui qui a pris la peine. Voilà le principe de la propriété. Cela posé, un homme prend la peine pour lui-même, il devient propriétaire de toute l'utilité

réalisée par le concours de cette peine et de la nature.
Il la prend pour autrui ; en ce cas, il stipule en retour
la cession d'une peine équivalente servant aussi de véhi-
cule à de l'utilité ; et le résultat nous montre deux peines,
deux utilités, qui ont changé de mains, et deux satisfactions. Mais ce qu'il ne faut pas perdre de vue, c'est que
la transaction s'accomplit par la comparaison, par l'é-
valuation, non des deux utilités (elles sont inévaluables),
mais des deux services échangés. Il est donc exact de
dire qu'au point de vue personnel, l'homme, par le travail, devient propriétaire de l'utilité naturelle (il ne
travaille que pour cela), quel que soit le rapport, variable
à l'infini, du travail à l'utilité. Mais, au point de vue
social, à l'égard les uns des autres, les hommes ne sont
jamais propriétaires que de la valeur, laquelle n'a pas
pour fondement la libéralité de la nature, mais le service
humain, la peine prise, le danger couru, l'habileté dé-
ployée pour recueillir cette libéralité. En un mot, en ce
qui concerne l'utilité naturelle et gratuite, le dernier
acquéreur, celui à qui doit aboutir la satisfaction, est mis,
par l'échange, exactement au lieu et place du premier
travailleur. Celui-ci s'était trouvé en présence d'une utilité gratuite qu'il s'est donné la peine de recueillir ;
celui-là lui restitue une peine équivalente, et se substitue
ainsi à tous les droits : l'utilité lui est acquise au même
titre, c'est-à-dire à titre gratuit, sous la condition d'une
peine. Il n'y a là ni le fait, ni l'apparence d'une inter-
ception abusive des dons de Dieu. Ainsi j'ose dire que
cette proposition est inébranlable :

« *A l'égard les uns des autres, les hommes ne sont pro-*

priétaires que de valeur, et les valeurs ne représentent que des services comparés, librement reçus et rendus. »

Puis, appliquant ces principes à la propriété foncière, Bastiat fait voir clairement que la terre donnée gratuitement aux hommes par Dieu, pour les aider à la satisfaction de leurs besoins, reste toujours gratuite à travers les ventes et les échanges ; que ce qui est payé dans de semblables transactions, c'est seulement ce qui peut être considéré comme *services* rendus par le travail antérieur, seule valeur échangeable annexée au sol, mais ne se confondant pas avec lui au point de changer sa nature essentiellement inévaluable et providentiellement gratuite. — Mais c'est dans Bastiat lui-même qu'il faut lire les magnifiques développements par lesquels il arrive à cette démonstration, ainsi qu'à l'affirmation logique de la grande *Harmonie économique*, en conséquence de laquelle « la propriété, juste et légitime en soi, parce qu'elle correspond toujours à des services, tend sans cesse à transformer l'utilité onéreuse en utilité gratuite.—« Elle est, dit l'auteur, cet aiguillon qui force l'intelligence humaine à tirer de l'inertie des forces naturelles latentes. Elle lutte, à son profit sans doute, contre les obstacles qui rendent l'utilité onéreuse ; et, quand l'obstacle est renversé dans une certaine mesure, il se trouve qu'il a disparu dans cette mesure au profit de tous. Alors l'infatigable propriété s'attaque à d'autres obstacles, et ainsi de suite et toujours, élevant sans cesse le niveau humain, réalisant de plus en plus la communauté et avec elle l'égalité au sein de la grande famille. »

Locke avait déjà vaguement pressenti cette *gratuité* des

choses naturelles, de la terre, et presque saisi, lui aussi, cette vérité, que toute valeur provient exclusivement, par voie directe ou indirecte, du travail, de la prestation d'un service. — « Si nous voulions, disait-il, priser au juste les choses conformément à l'utilité que nous en retirons, considérer ce qui appartient purement à la nature et ce qui appartient précisément au travail, nous verrions, dans la plupart des revenus, que 99 centièmes doivent être attribués au travail. » — Bastiat est venu pour compléter ce compte et porter la part du travail aux 100 centièmes !

Mais c'est assez de citations. Le point présentement en question a peut-être un peu moins d'intérêt au point de vue de la propriété intellectuelle que pour la propriété ordinaire. — Il en reste pourtant une considération importante que nous voulons retenir, et qui reviendra lors de l'examen des objections faites à l'assimilation, quant aux principes fondamentaux, de ces deux genres de propriétés, à savoir, ceci :

En définitive, toute *valeur* échangeable, sociale, toute propriété en un mot, n'est que le résultat de la prestation d'un service.

Et la valeur (la propriété) n'est pas dans la *matérialité* des choses ; — la matérialité est une qualité donnée par la nature, et par conséquent *gratuite*. L'action humaine (l'effort), qui ne peut jamais arriver à créer de la matière, constitue seule de l'*utilité*, si la peine est prise pour le travailleur lui-même, ou de la *valeur* (de la propriété), si le service est rendu ou peut être destiné à un autre homme. — Nous disons ou *destiné*, car bien évidemment pour qu'il y ait valeur échangeable (propriété), il n'est pas nécessaire que l'échange soit présentement effectué, il suffit que cette transaction soit possible.

§ VI.

Exceptions au principe de perpétuité.

Au principe de perpétuité de l'appropriation existent cependant deux exceptions :

La prescription ;

L'expropriation pour cause d'utilité publique.

Mais si la première fait cesser la possession, sans compensation pour le propriétaire primitif, la seconde n'est, à vrai dire, qu'un échange forcé, car la société indemnise le propriétaire par une valeur équivalente à celle qu'il abandonne.

Ces deux exceptions naissent de ce principe que si Dieu a donné à l'homme certaines facultés et certains droits qui doivent servir à la conservation de l'individu, Dieu a voulu, en même temps, que l'exercice de ces facultés et de ces droits eût lieu en vue de l'utilité générale. L'homme, en effet, comme nous l'avons dit en commençant, n'est pas né pour l'isolement, mais pour l'état social. Tous les membres de la famille humaine sont unis par le lien providentiel de la solidarité; et cet abandon, précédemment signalé, fait à chaque appropriant primitif par la communauté originelle, et l'assentiment, et la protection de tous accordés à chacun, ne peuvent être raisonnablement supposés qu'en leur donnant également ce double motif du bien individuel et de l'avantage général.

Si donc un individu, un appropriant, un possesseur substitué aux droits de l'appropriant primitif, néglige l'exercice de son droit assez longtemps pour causer préjudice à l'intérêt général, en faisant rentrer dans la classe des *res nullius* les objets susceptibles d'utilité, et manque ainsi aux conditions de son titre, on doit supposer tout à la fois et sa renonciation et la rétractation légitime de l'assentiment universel, lequel peut non moins légitimement se reporter alors vers un nouvel occupant, qui reprend, pour son propre compte, les conditions du divin contrat, et vient, comme dit énergiquement et philosophiquement la législation musulmane, *revivifier le terrain* abandonné.

« Si l'on est bien pénétré, dit M. Eugène Ortolan, dans l'ouvrage remarquable qu'il a publié, en 1851, sur le *domaine international* (n° 178); si l'on est bien pénétré des vérités premières d'où la raison humaine a fait sortir la reconnaissance du droit de propriété ; si l'on a bien compris que le fondement de ce droit n'est rien autre que le respect dû par tous à l'action de l'homme sur les choses susceptibles d'être appropriées aux besoins de notre existence ; que, sous l'apparence d'une attribution exclusive, il n'y a dans ce droit qu'un moyen nécessaire de faire remplir à l'homme sa destinée, aux choses leur utilité, et de satisfaire à l'intérêt général par le ressort de l'intérêt privé ; enfin, que l'idée du droit cesse du moment qu'on se place en dehors de ces conditions, on en conclura logiquement que le droit de propriété a pour corrélatif rationnel et indispensable certains devoirs d'action de la part du propriétaire sur sa chose. Quand le propriétaire, par une cause ou par une autre, délaisse l'exercice de son droit, et reste dans l'inertie, n'ayant plus de rapport avec sa chose, déjà il manque à ses fonctions, et l'intérêt général éprouve un préjudice; puisqu'un élément de la richesse se trouve rendu inutile par cette inactivité. Si l'on suppose que, pendant ce temps, un possesseur agit ostensiblement et sans obstacle sur cette même chose en qualité de propriétaire, et en tire l'utilité dont elle est susceptible, ce possesseur remplit, quant à la production et l'usage de la richesse, quant à l'intérêt général qui s'y rattache, la lacune occasionnée par la négligence du propriétaire; il restitue ou il maintient la chose dans sa destination... On conçoit néanmoins que le droit de propriété, en considération du respect dû au travail antérieur, doive se conserver un certain temps; mais cela ne se peut indéfiniment. Le même principe qui sert à fonder la légitimité du droit du propriétaire dans les acquisitions premières sert à la fonder aussi dans cette espèce de transmission par laquelle il s'opère à la fois une perte pour l'un et une acquisition pour l'autre. »

Quant à l'expropriation pour cause d'utilité publique, elle se justifie, comme nous l'avons déjà dit, par cette même considération que tout droit individuel est admis, et doit s'exercer en même temps en vue de l'intérêt social. Si donc, à un certain moment, pour certains objets d'une nature particulière, l'intérêt général vient à dépasser d'une manière considérable l'intérêt particulier, et à se trouver en opposition manifeste avec l'exercice du droit privé, quelque légitime qu'il puisse être, on doit supposer alors la renonciation volontaire et raisonnable de l'appropriant, et, dans tous les cas, la rétractation légitime de l'assentiment général ; mais, dans ce cas, moyennant une juste indemnité, puisqu'aucune faute n'est imputable au propriétaire.

§ VII.

Résumé du premier livre. — Conclusion.

Résumons-nous ;

Nous avons établi :

Qu'en vertu d'une loi de la raison universelle, l'homme a le droit d'exercer librement son activité intellectuelle et physique sur toutes les choses extérieures, tout à la fois pour satisfaire à ses besoins intellectuels, et en vue du bien social.

Que la propriété, c'est le droit pour l'homme d'exercer cette activité à son profit, de s'appliquer à lui-même ses propres efforts, ou de ne les céder que moyennant la cession en retour d'efforts équivalents ; en d'autres termes, dans ce dernier cas, de tirer *la valeur* de ses services.

Que l'un des modes d'exercice de cette activité, mode nécessaire dans la plupart des cas, non dans tous, c'est l'appropriation d'un objet extérieur.

Que l'appropriation s'exerce par une prise de possession purement immatérielle, en vertu de l'assentiment nécessairement et rationnellement supposé de tous les autres hommes ; que le maintien du droit ne s'explique

que par la possibilité d'une telle possession *intelligible* ;

Que la société doit garantie et protection à l'appropriant, mais seulement à partir d'une manifestation extérieure de la prise de possession de l'expropriant ;

Que l'appropriation est, en principe, perpétuelle, héréditaire ;

Que, d'ailleurs, à la suite de cette appropriation, et à travers toutes les transactions successives, l'objet approprié, la terre elle-même, offerts gratuitement par la nature, restent perpétuellement *gratuits*, sans valeur, parce que toute valeur provient uniquement de la prestation d'un service ; et que jamais la *valeur*, la *propriété*, ne peuvent résider dans la matérialité des objets extérieurs ;

Qu'à la perpétuité de l'appropriation il y a deux exceptions, la prescription et l'expropriation pour cause d'utilité publique ;

Que ces deux exceptions sont fondées sur l'intérêt social et sur la rétractation supposée de l'assentiment universel primitif ;

Mais qu'à la différence de la prescription, l'expropriation pour utilité publique accorde un équivalent au propriétaire, pour l'abandon de sa propriété.

Tous ces principes sont vrais ; nous en avons la conviction profonde. Eh bien ! tous, sans exception, sont applicables à la propriété dite *intellectuelle*. En effet, comme la propriété ordinaire, elle a pour origine un effort de l'homme, l'exercice de son activité, le travail : comme le cultivateur, le chasseur, le pêcheur, ou le berger, l'artiste, l'écrivain et l'inventeur ont le droit de recueillir tous les fruits de leur travail, de s'appliquer à eux-mêmes le résultat de leurs efforts, ou de ne le céder à autrui qu'en échange d'une valeur équivalente ; pas plus que le droit du laboureur, du chasseur, etc., le droit de l'artiste ou de l'inventeur ne peut être soumis, pour son acquisition ou son maintien, à la grossière condition de la détention matérielle. Et, d'ailleurs, ce qui constitue la *valeur* de la propriété ordinaire elle-même est aussi peu matériel que ce qui fait la propriété intellectuelle. Cette valeur est de même nature, c'est un service.

Comme le premier droit, le second doit être perpétuel sous les deux exceptions communes à ces deux droits. Enfin, pour tout dire, en un mot, les deux droits n'en font qu'un : propriété ordinaire, propriété intellectuelle, pourquoi distinguer ? il n'y a pas lieu : tout cela, c'est la propriété.

Cette affirmation est la conséquence logique des principes que nous avons posés ; s'ils sont vrais, la conclusion est juste ; elle va se confirmer par l'examen des objections à la réfutation desquelles nous allons passer maintenant.

LIVRE II.

RÉFUTATION DES OBJECTIONS.

On a bien compris que nous n'avons plus à réfuter ici les objections essayées contre les principes de la propriété dite *ordinaire*, mais seulement les objections que les partisans même de cette propriété ont cru devoir élever contre l'assimilation à celle-ci de la propriété dite *intellectuelle*.

§ I.

1re OBJECTION. — Objection historique.

Tout d'abord débarrassons le champ de la discussion d'une certaine objection qu'on peut appeler *historique*, tirée de l'autorité des précédents législatifs en cette matière.

« S'il fallait se décider d'après l'autorité (dit M. Renouard dans ses traités *des Brevets d'invention*, p. 18, et *des Droits d'auteurs*, p. 439), je n'hésite pas à dire que la pratique universelle des nations éclairées devrait être d'un beaucoup plus grand poids que l'accord des théoriciens, fussent-ils tous unanimes. Le système d'un droit temporaire a joui de très-peu de faveur auprès des écrivains ; mais, en revanche, il a hautement prévalu dans la législation. C'est le droit général de tous les peuples, etc... »

— On peut d'abord répondre que s'il fallait se décider par de semblables raisons, si le passé devait servir de règle absolue pour l'avenir, la porte serait depuis long-temps fermée à tout progrès ; la consécration législative de toute vérité nouvelle serait condamnée à l'avance. Mais, non-seulement la raison, mais encore les faits s'é-lèvent contre une semblable objection ; ces faits qui lui ôtent toute portée sérieuse, nous les avons nous-même exposés dans le travail rappelé au commencement de cet article et publié dans le journal *le Droit*, en 1843, sous ce titre : *Historique du principe de perpétuité en matière de propriété littéraire*. Nous y avons montré que plu-sieurs nations considérables, telles que la France, l'An-gleterre, la Hollande, l'Espagne, ont vu, à diverses épo-ques, ce principe consacré par leur législation, par leurs magistrats et leurs jurisconsultes, et que, depuis les temps antiques jusqu'à nos jours, jamais la conscience de la justice d'un tel droit n'a été complétement éteinte.

Au surplus, les auteurs de l'objection ont bien senti son peu de valeur et nous n'insisterons pas plus sur ce point qu'ils ne l'ont fait eux-mêmes.

Après cette première escarmouche, nous arrivons de-vant le gros des arguments hostiles à la propriété intel-lectuelle.

§ II.

Deux systèmes adverses.

Tout ce qui a été produit contre la reconnaissance de cette propriété peut se résumer en deux systèmes, qu'il serait bien facile et plus logique peut-être de confondre en un seul.

Quelques-uns des écrivains dont nous combattons les doctrines admettent bien qu'au début, tant que l'auteur et l'inventeur renferment leur idée, leur découverte en eux-mêmes, ou gardent pour eux seuls le manuscrit qui en est dépositaire, l'écrivain et l'inventeur se trouvent *propriétaires* de leur idée, mais qu'aussitôt que l'inventeur et l'écrivain ont donné une publicité quelconque à leur pensée, à leur découverte, au manuscrit, ils ont irrévocablement, à partir de ce moment et par ce fait, perdu la propriété de leur idée. Que, dès lors, les producteurs de cette idée se trouveraient, en fait, dans l'impossibilité d'en exercer le droit de reproduction, si pour leur assurer une juste rémunération et ne pas méconnaître en eux, non pas le droit de propriété qui n'existerait point ici, mais le droit incontestable du travail, le législateur, tout en sauvegardant, dans une certaine mesure, les droits du public, n'intervenait pour conclure une transaction et régler équitablement les droits de tous, en accordant un privilége simplement temporaire à l'écrivain, à l'artiste ou à l'inventeur.

Les autres, sans s'arrêter à examiner quel peut être le

droit antérieur à la publicité de l'idée, déclarent formellement qu'il n'y a pas matière à propriété dans le travail
intellectuel; que, ni en fait, ni en droit, les écrivains, les
inventeurs ou les artistes ne peuvent exercer le privilége
de reproduction, et, comme nos premiers adversaires, ils
concluent à l'intervention, purement facultative et bénévole, de la loi, pour créer un droit et assurer une récom-
pense quelconque à ceux qui veulent vivre du labeur de
la pensée. Dans les deux systèmes, tous ces auteurs s'ap-
puient sur des considérations qui leur sont communes et
que nous allons passer en revue.

§ III.

**2ᵉ OBJECTION. — La pensée, par sa nature, n'est pas
appropriable.**

La principale raison mise en avant par les adversaires
de la propriété intellectuelle, c'est que la pensée, par sa
nature, n'est pas *appropriable*; qu'elle n'est pas susceptible de détention matérielle; qu'une fois communiquée
aux autres hommes, elle est devenue commune, et que,
par conséquent, elle ne présente aucune des conditions
essentielles de la propriété ordinaire.

« L'*occupation*, dit M. Renouard (*Des Droits d'auteurs*,
p. 466), est la première source de la propriété. »

« On est d'accord, dit M. Victor Foucher (*De la Propriété
littéraire et de la contrefaçon*; *Revue étrang. et franç.*,
4ᵉ année, p. 508), pour ne pas séparer la propriété de la
possession qui en est l'élément constitutif. »

« Tout objet de propriété doit être une chose appropriable, ajoute M. Renouard (p. 447, *loc. cit.*), le mot propriété ne désigne que le droit exclusif dérivant de l'appropriation (*id.*, p. 456) ; or, comment douter que, par son essence, la pensée n'échappe à toute appropriation exclusive ! »

— Si le lecteur a encore présents à l'esprit les principes que nous avons posés comme fondements de la propriété ordinaire, il aperçoit immédiatement de quelle confusion naît l'erreur professée par les deux auteurs que nous venons de citer.

Non, il n'est pas vrai que l'*occupation* soit la première source de la propriété. La première source de la propriété, comme nous l'avons établi, est moins grossière et plus rationnelle que cela ; c'est le droit pour l'homme d'exercer son activité morale et matérielle pour satisfaire ses besoins et de s'appliquer à soi-même ses propres efforts, ou de ne les céder qu'en échange d'efforts équivalents, d'en tirer *la valeur*. La propriété vient donc uniquement du travail, des efforts de l'homme et des services par lui rendus. A ce point de vue, il est incontestable que l'effort du penseur, écrivain, artiste ou inventeur, est un travail et qu'il peut devenir un service ; c'est-à-dire une *valeur*, une propriété.

Non, il n'est pas exact de dire que tout objet de propriété doit être une chose appropriable, c'est-à-dire, selon les adversaires, matérielle. En effet, d'une part, l'appropriation d'un objet extérieur n'est pas toujours nécessaire à l'accomplissement de la fin providentielle du droit donné à l'homme pour arriver à la satisfaction de ses besoins ; car l'homme a d'autres besoins que les nécessités matérielles, il poursuit d'autres satisfactions que celles des sens; et même, pour réaliser ces dernières jouissances à son profit, ou pour les procurer à ses semblables, il est bien des cas où l'appropriation d'un objet extérieur n'est d'aucune utilité, comme lorsqu'il s'agit, par exemple, d'un service de transport à dos d'homme, d'un concert vocal, d'un spectacle quelconque, etc.; et cependant, dans toutes ces hypothèses, il y a effort, travail, service rendu, *valeur*, propriété.

D'autre part, cette *appropriation* et cette *possession* qu'on invoque comme incompatibles avec l'essence de la propriété intellectuelle, on sait qu'elles sont elles-mêmes, au contraire, essentiellement et purement immatérielles; leur principe, leur exercice primitif, leur seul mode d'action s'accordant avec le maintien de la propriété matérielle, sont de nature exclusivement morale; ils résident dans la volonté même de l'homme, dans son arbitre, dans le lien juridique et rationnel qui se forme et se conserve ainsi entre lui et les objets extérieurs. Donc, et sous ces rapports, les conditions d'appropriation et de possession, fussent-elles absolument nécessaires en matière de propriété, loin d'être incompatibles avec l'essence de la propriété intellectuelle, lui seraient, à l'inverse, tout à fait conformes; et c'est à tort qu'on prétendrait que, par sa nature, la pensée doit échapper à toute espèce d'appropriation et de possession; elle ne s'y refuserait pas plus que les créances, les obligations et tous ces droits, toutes ces propriétés que la loi positive elle-même nomme incorporels.

§ IV.

3ᵉ OBJECTION. — **Une fois la publicité donnée à la pensée, celle-ci appartient à tous.**

Mais ceux qui refusent à la propriété intellectuelle sa consécration poursuivent ainsi :

« On concède bien que la pensée elle-même est inappropriable... mais on dit : Il existe, outre la pensée, dans les productions de l'intelligence, une autre création de l'auteur. Quand un manuscrit, un tableau, un livre, ont, en prenant un corps, marqué du sceau de leur forme une certaine portion de la matière, ce papier, cette toile, ces couleurs, sont devenus *Athalie* ou *la Transfiguration*. Ce livre matériel, ce corps du tableau sont susceptibles de propriété. Pourquoi cette propriété ne réunirait-elle pas les caractères de celle de tout autre objet appropriable? »

Puis, cette argumentation mise en avant par certains partisans de la propriété intellectuelle, M. Renouard la réfute en montrant que l'objection qu'il leur attribue repose sur une confusion entre le livre matériel et le contenu intellectuel du livre. « Un poëte crée des vers, dit notre auteur ; le papier qui en matérialisera l'émission, les cent mille exemplaires qui les reproduiront, seront susceptibles d'être la propriété d'un individu, ou de mille, ou de cent mille. Mais ce qui n'est pas appropriable, ce sont les vers eux-mêmes ; c'est la faculté, pour chacun, de les identifier à son intelligence ; c'est la possibilité de les reproduire, en les récitant, en les écrivant...

7

Car, ajoute-t-il, pour que j'imprime à telle ou telle portion de la matière la forme de cette pensée dont je ne
suis pas l'auteur, mais qui, en tombant sous la perception de mon intelligence, a pénétré son essence intime,
je n'ai désormais besoin ni de l'auteur ni de personne.
Une loi positive, une convention particulière peuvent,
à cet égard, borner ou supprimer mon droit; mais si une
loi me lie, si une convention m'enchaîne, elles m'ôtent
une faculté naturelle, qui, sans la prohibition formelle
d'une loi ou d'une convention, m'appartiendrait aussi
pleinement qu'à vous. »

— Arrêtons cette citation, et répondons. Certes, en
réfutant l'objection qu'il se fait poser, M. Renouard accomplit une tâche facile, car la confusion qu'il signale
entre le livre matériel et le contenu intellectuel du livre
est évidente; à cet égard, nous sommes de son avis. Il y a
là, en effet, deux travaux séparés, deux principes de propriété qu'il ne faut pas confondre, mais qui doivent être,
au contraire, soigneusement distingués : 1° le travail
intellectuel, celui de l'écrivain ; 2° le travail *matériel*, celui du copiste ou de l'imprimeur. Ils peuvent ne pas être
accomplis par la même personne; presque toujours ils
le seront par deux individus différents ; ils doivent être
rémunérés séparément.

Ceci entendu, peut-on soutenir qu'une fois que l'écrivain a divulgué son idée, chacun en est saisi, et n'a plus
besoin de lui pour la reproduire ? Distinguons : si vous
voulez dire simplement que tout auditeur, tout lecteur
pourra, pour sa satisfaction personnelle, pour son propre
usage, pour le plaisir de son cercle intime ou familial,

écrire, lire, réciter et reproduire ainsi la pensée, le livre
de l'auteur, nous sommes d'accord avec vous. Si, au contraire, vous voulez prétendre, et c'est en réalité votre
prétention; que non-seulement pour son usage et son
agrément personnels, mais encore pour les céder, les vendre à d'autres, l'auditeur ou le lecteur pourra faire autant de copies et de reproductions qu'il lui plaira de
l'œuvre de l'écrivain, alors nous nous révoltons contre
une semblable assertion. Pourquoi? C'est que, d'une part,
dans le premier cas, suivant les principes économiques
rappelés dans notre livre Ier, l'effort, le travail de l'auditeur ou du lecteur n'étant exécuté que pour lui seul,
il n'y a là de produit que de l'*utilité*, laquelle utilité est
gratuite, que, dès lors, aucun préjudice sérieux n'est
causé à l'écrivain, et, d'autre part, c'est que cet auditeur ou ce lecteur ne font jusque-là qu'une chose licite;
car ils ne font que tirer tout le profit personnel que pouvait comporter le service dont l'auteur leur a fait la
prestation. Mais, dans le second cas, l'effort, le travail,
exécuté pour d'autres, devient un *service*, et, par conséquent, une *valeur* échangeable, une propriété vénale;
et, dès lors, le lecteur et l'auditeur copistes, reproduc-
teurs, se font payer, outre leur travail de copie (ou de reproduction quelconque), le service de l'écrivain, rendu
par celui-ci à tous, une fois pour toutes, par le propre
travail antérieur de sa pensée. Ou bien, si le copiste ne
se fait pas rétribuer la part afférente à ce dernier labeur, il
l'abandonne; il donne ce qui ne lui appartient pas; il l'a-
liène gratuitement au préjudice de l'écrivain. Des distinctions analogues ont été faites par la jurisprudence

elle-même, dans l'application de la loi des brevets d'invention, du moins en ce qui concerne l'usage purement personnel, ou, au contraire, industriel et commercial par le détenteur d'un objet contrefait. Voir notamment arrêts de cassation des 20 juillet 1830, 3 décembre 1841, 28 juin 1844, affaires Germain, Ganilh et Michelson.

Personne, en effet, ne peut reproduire la pensée de l'écrivain, de l'artiste ou de l'inventeur, et la livrer, la vendre, ainsi matérialisée, à d'autres individus, qu'en s'appropriant préalablement l'effort du penseur, qu'en usant du service rendu par celui-ci à tous ceux qui pourront successivement désirer entendre ou lire son livre, contempler son œuvre, emprunter ou utiliser sa découverte. Ce service, il sera, il pourra être rendu indéfiniment, et à chaque fois qu'un nouvel amateur sentira le besoin de se procurer l'œuvre en question, car ce genre de services, par sa nature, est indépendant pour sa prestation de la condition du temps.

S'il n'en était pas ainsi, si la distinction que nous avons établie plus haut entre le travail intellectuel de l'écrivain et le travail matériel et reproducteur du copiste n'était pas faite, qu'on nous dise alors quelle différence existerait entre le poëte et son imprimeur?

S'il n'en était pas ainsi, si, comme le voudraient les adversaires de notre thèse, l'écrivain, le peintre, l'inventeur, ont seulement la propriété du manuscrit, du tableau ou de la locomotive confectionnés par eux, mais ne peuvent empêcher ensuite le possesseur du premier exemplaire, de la toile ou de la machine, de les reproduire et de vendre, à leur tour, ces reproductions, alors, comme le fait observer M. Tillière (*Traité théorique et pratique des brevets d'invention*, p. 47), « cela revient à « dire que le créateur originaire n'aura aucun droit. En « effet, celui qui fait une découverte nouvelle n'est pas « toujours industriel ou commerçant ; il ne fabrique, il « ne vend pas ; il n'aura donc, dans ce cas, aucun droit[1]. »

Sans doute, la divulgation de la pensée nouvelle, la lecture du livre, l'exposition publique du tableau, la démonstration de la marche de la machine, feront, comme le disent les adversaires, participer le public à la jouissance de ces créations ; mais cela ne peut avoir pour effet de rendre le public maître de ces créations mêmes et d'en dépouiller celui qui en est l'auteur. A leur tour, les adversaires de la propriété intellectuelle commettent une confusion manifeste entre cette espèce de jouissance commune, entre l'utilité générale, et la propriété dont ces sortes de choses sont susceptibles.

« La jouissance intellectuelle de l'idée, dit encore avec « raison l'auteur que nous avons déjà cité, M. Tillière « (p. 46), jouissance qui appartient à tous par la seule ap- « préhension de l'esprit à laquelle il est impossible de met- « tre obstacle, ne donne en aucune façon un droit sur la « valeur de l'idée nouvelle ;... attribuer à tous la valeur « matérielle qui ressort de la reproduction de l'idée dans « un corps, sa fixation à la matière, c'est méconnaitre « cette vérité si frappante que le travail, suite et effet de « la liberté, est la source la plus abondante » (nous, nous

---

[1] Par contre, un écrivain peut être inventeur ; témoin : Beaumarchais (l'échappement à virgules), Pascal (la brouette dite *vinaigrette*, le haquet), etc.

disons la seule) « de la propriété. Un livre a une valeur
« morale, intellectuelle, que chacun peut s'approprier par
« l'action de son esprit : voilà ce qui est du domaine de
« tous, parce que l'intelligence est du domaine de la li-
« berté. Ce livre a aussi une valeur matérielle... cette va-
« leur est du domaine d'un seul... Une invention indus-
« trielle a comme notion une valeur intellectuelle dont
« chacun peut jouir ; elle a aussi une valeur matérielle...
« cette valeur n'appartient qu'à celui de qui elle émane,
« qui en est la cause créatrice, l'inventeur... » Et plus loin
(p. 51) : « La pensée, on peut et doit l'admettre, appartien-
« dra en jouissance à tous par la seule perception de
« l'intelligence, jouissance qui n'a qu'une valeur imma-
« térielle comme la pensée elle-même ; mais la combi-
« naison de la pensée avec la matière, l'invention, ap-
« partiendra en propriété à son auteur, propriété qui a
« une valeur matérielle vénale qui dérive du mérite de la
« pensée. Voilà la propriété de l'inventeur [1]. »

§ V.

4° OBJECTION. — L'auteur, l'inventeur, etc., ne peuvent pas
faire de réserves en publiant leur œuvre.

M. Renouard (*loc. cit.*, p. 454) trouve inadmissible le
raisonnement de ceux qui parlent des réserves qu'on peut

---

[1] Après les développements contenus dans le premier livre, nous
n'avons plus besoin de faire observer que, tout en citant textuellement
ces passages de M. Tillière, ou autres, nous n'en admettons pas tous les
termes, et il est sans doute inutile de faire remarquer, notamment, la
confusion qui paraît régner encore dans l'esprit de l'auteur belge sur
la nature de *la valeur*.

supposer être faites, du moins par l'auteur, en livrant son œuvre.

« La pensée publiée, dit M. Renouard, n'est susceptible d'être copiée et reproduite que parce qu'elle a été émise. De là, les partisans d'une propriété littéraire tirent cette conséquence que, parce que l'auteur, avant d'émettre sa pensée, en était le maître absolu et pouvait ne pas la livrer au public, il peut également, en la donnant au public, faire des conditions, donner une partie de la jouissance et s'en réserver une autre, etc. »

— Mais pourquoi cela serait-il inadmissible, puisque tout à l'heure on va parler de contrat à l'écrivain, à l'inventeur, et lui faire passer législativement un compromis avec le public? pourquoi ne pas lui permettre de soumettre et de débattre lui-même les conditions de la cession qu'il va consentir, et dans les termes de ces conditions? qu'y-a-t-il de plus impossible que toutes les distinctions admises dans le contrat de bail, dans l'usufruit ou l'emphytéose, et dans la division usuelle et légale de la propriété en domaine utile et domaine éminent?

§ VI.

Système de concession facultative d'un privilége temporaire.

Mais M. Renouard, pour en venir à la conclusion de son système, nous fait passer par de singulières contradictions. Dans les chapitres VII et VIII de sa Théorie, chapitres tout empreints de fausses idées économiques sur la prétendue *valeur* des choses matérielles, sur le soi-disant *privilége* des propriétaires de terres, l'auteur reconnaît (p. 457) qu'*un livre est la prestation d'un service envers la société*, « et que l'auteur a droit à recevoir de la « société un juste prix de son service »; ensuite il constate sagement (p. 462) « qu'il n'est qu'un seul juste appréciateur du salaire dû aux écrivains et aux artistes, le public ; qu'il n'est qu'une seule appréciation juste, celle que le public, sans la formuler, mesure sur l'utilité et le plaisir qu'il tire d'un ouvrage. » Puis, tout d'un coup, au mépris de ces considérations, M. Renouard limite arbitrairement la durée du droit de l'auteur, c'est-à-dire, car cela revient au même, fixe arbitrairement la rémunération de ce dernier et met ainsi l'appréciation de la loi à la place de celle du public.

Nous voici donc arrivés au système du contrat qu'on suppose intervenir entre l'inventeur, l'artiste ou l'écrivain, et la société ; ou bien, car c'est, au demeurant, la même chose, au système de concession bénévole, par la loi, d'un privilége temporaire.

Les plus radicaux des adversaires de la propriété intellectuelle disent, dans le dernier sens, avec M. le duc de Broglie : « Il y a deux sortes de propriétés, la propriété ordinaire ou naturelle, et la propriété extraordinaire, exceptionnelle, ou mieux purement légale. La première se forme spontanément ; elle n'est pas l'œuvre de l'État, elle préexiste à la loi qui la protége, le législateur n'intervient que pour la consacrer ; si la loi lui retirait sa protection, elle ne périrait pas pour cela, elle persisterait par sa vertu intrinsèque ; l'obligation de la respecter resterait intacte même dans le for intérieur ; elle trouverait sa garantie, une garantie plus ou moins efficace, mais réelle, dans la conscience du genre humain et dans la morale universelle. La propriété extraordinaire, exceptionnelle, au contraire, est l'œuvre même du législateur, elle ne devance pas la loi ; elle en est le produit et partant la conséquence... Les offices publics, les charges, *la propriété littéraire*, *les brevets d'invention*, les monopoles, les priviléges, tout cela existe de par la loi, *n'existe que sous le bon plaisir de la loi*, et tire de la loi, non-seulement son inviolabilité positive, *mais son droit au respect dans le for intérieur.* »

Ainsi, dans l'opinion des adversaires, le législateur pourrait tout aussi bien (heureusement la fantaisie ne lui en est pas encore venue) décréter qu'un homme n'a aucun droit de vivre par le travail de la pensée ; que l'artiste ne sera pas propriétaire de son tableau ou de sa statue ; que l'inventeur ne pourra tirer parti de sa découverte ; que le travail de l'écrivain ne sera pas rétribué. La loi pourra déclarer que le contrefacteur et le plagiaire seront protégés contre les ridicules revendications des créateurs du *métier à la Jacquart* ou de l'*Histoire de la civilisation* ; et la conscience humaine applaudira, car si elle respecte et garantit la jouissance et les travaux du propriétaire du sol, elle n'est tenue à aucun respect, aucune protection, pour les labeurs intelligents d'un inventeur, fût-il Watt, d'un poëte, fût-il Molière ou Corneille !

Enoncer un pareil système, c'est assez faire pour le réfuter.

§ VII.

Système de transaction légale entre les écrivains, inventeurs, etc., et la société.

Les autres adversaires de la propriété intellectuelle sont plus modérés dans l'expression des déductions de leurs prémisses, ils veulent bien reconnaître que la publicité ne fait pas évanouir complétement le droit de l'écrivain, de l'artiste ou de l'inventeur. « Ce droit ne *s'évapore* pas complétement (V. Faucher, p. 510); ce droit, s'il n'est pas celui de propriété, est du moins celui du travail, il doit recevoir une rémunération quelconque ; mais, par le fait même de l'auteur, par la publicité qu'il a donnée à son œuvre, la société a aussi un droit acquis; une transaction entre ces deux droits devient nécessaire ; l'auteur apporte son idée, la société donne sa protection et garantit à l'auteur le droit exclusif, mais temporaire, d'exploitation. Voilà le contrat formé et tous les intérêts satisfaits. »

Tel est le système développé par les rapporteurs de la loi sur les brevets d'invention, MM. Dupin et Lestiboudois; il sert de base à nos lois sur les brevets d'invention et sur la propriété artistique et littéraire. C'est ce système de compromis qui a été adopté par la Commission de la dernière loi belge relative aux brevets d'invention, et par cette loi elle-même.

Ainsi donc, l'apport de cette société, dans ce contrat, c'est sa protection. Mais est-ce que la société ne doit pas sa protection à tous les droits? Peut-elle ainsi la mar-

chander, et ne l'octroyer que momentanément, en se faisant, pour le surplus, céder les bénéfices du droit lui-
même? Peut-on admettre qu'elle protége et détruise
ainsi tout à la fois? Ce serait saper par sa base l'édifice
social! La société protége le propriétaire du sol ou d'un
meuble; elle le protége à toujours, sans exiger, à un
moment donné, l'abandon du terrain ou de l'objet mo-
bilier; elle ne demande à ces propriétaires que de contribuer, pour leur part, aux dépenses communes destinées précisément à assurer la sécurité générale de tous
les droits. Qu'on soumette donc à l'impôt, sous une
forme quelconque, les créateurs et les exploiteurs de
propriétés intellectuelles, soit! mais qu'on ne les dépouille pas.

§ VIII.

5°, 6° et 7° OBJECTION. — Objections de la Commission parlementaire belge.

C'est pourtant là ce que font, à l'heure qu'il est, toutes les législations du monde. La nouvelle loi belge du
24 mai 1854, la plus libérale qui soit encore pour les
inventeurs, repose cependant sur cette base inique et
fausse. La Commission chargée d'examiner le projet de
loi, Commission composée d'hommes éminents dans
leur pays, évidemment animés de sentiments favorables
à l'industrie et à l'esprit de découverte, a produit un
rapport rempli d'énormités économiques. Ce travail est
rédigé d'ailleurs sous la préoccupation exclusive d'un
système particulier, édifié et vaillamment défendu par

notre spirituel collègue au comité de la Société des inventeurs, M. Jobard, directeur du musée de l'Industrie à Bruxelles. Dans leur haine contre le *monautopole* (ce qui n'est guère, au demeurant, qu'un nouveau nom donné à la doctrine de la propriété intellectuelle perpétuelle), les membres de cette Commission lui adressent tous leurs arguments et toutes leurs objections ; quelques-unes ne sont que la répétition plus ou moins affaiblie de celles que nous avons rapportées et combattues plus haut, quelques autres sont nouvelles, au moins dans la forme que leur a donnée le président de la Commission, M. Tielemans. Parmi ces dernières, nous allons, avant de clore cette discussion, relever les plus saillantes.

5ᵉ OBJECTION. — Danger de l'accaparement universel par l'appropriation universelle.

La Commission s'effraye d'abord (p. 657, *Annales parlementaires*, session de 1851-52) de l'accaparement universel de toutes les choses et forces naturelles utiles à la vie, par la voie de cette sorte d'appropriation individuelle réclamée pour les hommes qui se livrent aux travaux de l'intelligence.

« Vous ne breveterez, dit la Commission aux partisans de la propriété intellectuelle, vous ne breveterez ni le bois ni le fer, mais vous breveterez la bêche et la charrue ; vous ne breveterez ni l'eau ni la vapeur, mais vous breveterez la chaudière et la locomotive ; vous ne breveterez ni l'eau ni la lumière, ni le magnétisme ni l'électricité, mais vous breveterez le prisme, la lampe, la boussole et la pile de Volta. Eh ! ne voyez-vous pas que c'est la même chose ? Tout ce que la nature nous livre à l'état d'élément ou de principe, tout ce que l'intelligence perçoit à l'état d'idée n'attend-il pas le travail de l'homme pour devenir utile ? Et ce travail a-t-il un autre objet que de faire des bêches et des charrues, des instruments et des machines ? Et quand vous aurez breveté toutes les machines, tous les instruments, tous les procédés qui composent l'industrie ; quand vous aurez dit aux inventeurs : Tout cela vous appartient, que restera-t-il aux autres ? Il leur restera la liberté de battre le fer pour le plaisir de le battre.

— Et d'abord laissons de côté cette hypothèse, qui consiste à supposer l'arrivée d'un moment où toutes les machines, tous les instruments, tous les procédés imaginables seront découverts ; où toutes inventions nouvelles et tous perfectionnements seront devenus impossibles ; quand arrivera un tel moment, la mission de l'homme paraîtra sans doute accomplie, et la vie de l'humanité parvenue à son terme ; car, soyons sûrs que tant qu'elle vivra elle inventera, cherchant, après la satisfaction de mille besoins, mille besoins nouveaux à satisfaire, élargissant sans cesse le cercle de ses jouissances matérielles et morales. La supposition finale de la commission belge est donc une chimère, et presque, osons le dire, une puérilité.

Puis, pourquoi confondre deux ordres de faits et d'idées bien distincts ? Sans doute, on peut comparer l'intelligence humaine, générale, avec la lumière, l'électricité, la chaleur et l'eau. Comme ces forces matérielles,

livrées à l'homme par la nature, la faculté de penser et
de comprendre nous est donnée à tous gratuitement, et
ne saurait devenir la propriété d'un seul ; mais il n'en est
pas de même pour l'idée, l'idée déterminée, produite par
l'effort de la pensée, par le travail individuel d'une certaine intelligence. Il faut bien distinguer entre les phénomènes qui sont l'œuvre exclusive et spontanée de la
nature, les phénomènes non produits par l'homme, et
ceux dont, au contraire, la production lui est due ; les
uns sont des *utilités* naturelles, gratuites, elles ne pro-
viennent d'aucun travail, si ce n'est de celui de Dieu,
qui nous les livre libéralement sans rien demander en
échange ; les autres ont leur source dans le travail humain ; ce sont des services, à l'égard des hommes autres que celui qui a pris la peine et accompli l'effort, ce
sont des *valeurs*.

Enfin, comme l'a répondu spirituellement l'auteur
belge du *Traité des inventions*, M. Tillière, que nous avons
déjà eu l'occasion de citer plusieurs fois : « Il y a une
différence entre le fer, le bois, et la charrue, la bêche ;
entre le feu, la vapeur, l'eau, et la chaudière, la locomotive. Prêter de semblables idées au *monotaupole*, il faut
l'avouer, c'est, à l'instar du proverbe, dire qu'il est en-
ragé parce qu'on désire le tuer ; et puisque l'absurde
revêt ici la forme de la plaisanterie, nous pourrions dire,
en raisonnant toutefois plus logiquement : Mais si les
idées de l'inventeur ne sont rien, si elles étaient restées
dans son cerveau à l'état de productions internes ; si la
charrue, le moulin à vent, le métier à tisser n'avaient
été divulgués, où serions-nous ? On ne battrait pas le fer

pour le plaisir de le battre, car il aurait déjà fallu un inventeur pour trouver le marteau. »

6ᵉ OBJECTION. — Injustice du privilége de priorité.

La même Commission va jusqu'à s'élever contre le droit de *priorité*, et dit : « Si c'était la pensée qui fît le titre des inventeurs à la propriété de leurs œuvres, ce titre serait commun à tous les hommes; et puisque tel est l'ordre de la Providence que les individus se succèdent dans le temps, ceux qui viennent les derniers ne pourraient, à coup sûr, dépouiller de leurs droits ceux qui les suivent. Aussi, les partisans de la propriété intellectuelle sont-ils forcés de recourir à un autre titre pour justifier leurs prétentions, et ils invoquent la priorité. Vous serez, disent-ils, propriétaire de votre pensée, pourvu qu'un autre ne vous devance pas. Singulière logique ! La priorité, qui est le fait du hasard dans la vie et la succession des êtres, devient donc une cause de proscription contre la pensée elle-même, et anéantit le droit de tous au profit d'un premier né. »

— Mais la Commission ne s'est donc pas aperçue qu'avec un pareil argument elle battait en brèche la propriété ordinaire elle-même; car, lui aussi, le propriétaire du sol, dit : Je suis propriétaire de ce champ, parce que personne ne m'a devancé dans sa prise de possession! Et cette prétention est juste. Pourquoi les inventeurs ne pourraient-ils pas tenir logiquement et légitimement le même langage? Ne pourraient-ils pas même ajouter cette observation qu'en ce qui les concerne, la

priorité est d'une application plus équitable et plus rationnelle encore peut-être que lorsqu'il s'agit des appropriants du sol; car la terre est d'une étendue limitée;
après la prise de possession des premiers appropriants,
il pourrait, à la rigueur, ne plus rien rester pour ceux
qui viendraient après; tandis que le domaine de la propriété intellectuelle est infini, et qu'il y restera toujours
des champs nouveaux à mettre en culture par les générations ultérieures. Ils pourraient faire valoir encore que
la nécessité des produits de l'agriculture est la même à
toutes les époques, pour les hommes de tous les temps,
tandis que les produits de la pensée, toujours destinés à satisfaire des besoins nouveaux, n'éclosent, comme ceux-ci,
que successivement, à des périodes différentes de la vie
de l'humanité; qu'ils ne sauraient réellement naître, ou
produire leurs fruits pour les inventeurs et la société qu'à
certains moments donnés de l'histoire, et que, par conséquent, ils ne pouvaient être conçus ni cultivés utilement par les hommes des générations précédentes. Il y a
donc en matière de propriété intellectuelle des raisons
de plus qu'en matière de propriété ordinaire pour consacrer le droit indispensable du premier travailleur, du
premier occupant.

**7ᵉ OBJECTION. — L'homme n'est jamais l'unique créateur
d'une pensée.**

Dans un ordre d'idées qui n'est pas le même que celui
de la Commission belge, mais qui s'en rapproche beaucoup, M. Lestiboudois, lors de la discussion sur la loi de la
propriété littéraire en France, avait déjà dit, non pas pour

dénier complétement, mais seulement pour amoindrir la valeur du droit des travailleurs intellectuels :

« Une pensée ne peut devenir le patrimoine héréditaire d'un homme, parce que cet homme jamais n'en est l'unique créateur ; les idées sont filles des idées ; elles sont engendrées les unes par les autres. L'humanité creuse pendant des siècles ; un homme donne le dernier coup de sonde, et la vérité jaillit ; mais elle n'est point à lui, elle est à tous ceux qui y ont travaillé. »

M. Dupin, dans son rapport à la Chambre des députés, sur le projet de loi des brevets d'invention, disait aussi, le 5 juillet 1839, pour justifier la limitation de durée plus étroite pour le titre de l'inventeur que pour celui de l'écrivain : « Les découvertes faites dans les arts et métiers n'empruntent-elles pas au passé beaucoup plus de secours que les œuvres de l'écrivain ? »

Enfin, M. Renouard, combattant, lui, contre l'écrivain, ajoute de son côté, dans son *Traité des droits d'auteurs* (vol. Ier, p. 437). « Méconnaîtra-t-il (l'auteur) que si le public a gagné à connaître l'ouvrage, l'auteur, de son côté, a gagné à avoir un public ? Niera-t-il que l'écrivain le plus original est l'œuvre de son siècle et des siècles antérieurs autant, au moins, que de son propre génie ; que le domaine général lui a fourni les éléments des idées par lui élaborées ; qu'en les rendant à la civilisation à qui il les doit, il s'acquitte d'un devoir envers l'humanité, et paye à ses contemporains et à ses descendants une dette de reconnaissance dont il s'est chargé envers ses contemporains et ses ancêtres ? »

—Non, il ne niera pas précisément tout cela ; mais voici

ce que l'écrivain et l'inventeur pourront répondre à MM. Lestiboudois, Dupin et Renouard :

« L'idée est un trésor, plus ou moins riche, que le penseur met au jour, et, d'après la loi, le trésor matériel quel qu'il soit appartient à celui qui l'a trouvé. Notre législation, comme l'ancienne loi romaine, le lui attribue, et avec raison, sans se soucier de la peine des autres individus qui ont précédemment cherché sans le rencontrer, et dont les efforts égarés ont pu éviter quelques fatigues infructueuses à l'heureux inventeur. En outre, notre travail est un *service* rendu aux autres hommes, or, la *valeur* attribuée à un service est en raison directe des obstacles qui restaient à vaincre pour le rendre, et tous les obstacles précédemment annihilés par d'autres hommes ou par le temps ne comptent plus dans cette valeur ; tous les résultats déjà obtenus avant l'auteur ou l'inventeur sont tombés au rang des *utilités* gratuites dans la communauté générale, ils constituent une richesse acquise pour toute la société ; ils ne sont plus une valeur, ils sont sans prix, et, quand il s'agit d'une idée nouvelle, comme lorsqu'il s'agit d'un transport matériel, il n'y a d'évalué et de rémunéré que la peine prise par le travailleur, que la fatigue épargnée à celui pour qui l'effort a été accompli, en un mot, que le service rendu ; et le service du penseur, comme celui du commissionnaire ou du voiturier, ne vaudra pas si cher dans le cas où l'élaboration des idées précédentes avait rendu la dernière déduction facile, où le chemin était frayé, le rail de fer substitué à la route empierrée, que dans le cas contraire, où tous les obstacles matériels et moraux étaient encore à surmonter ; enfin si, dans une hypothèse comme dans l'autre, l'élucidation de l'idée, la facilité du voyage ont vulgarisé le besoin et rendu plus nombreux les consommateurs du service intellectuel ou matériel, soyez persuadé que, le contrat ayant lieu librement et dans les vraies conditions économiques, l'écrivain, l'inventeur ou le messager pourront bien, au total, avoir recueilli une rémunération plus importante qu'autrefois pour la somme entière de leurs services, mais que chacun des consommateurs en particulier les aura payés un prix moindre qu'auparavant. »

§ IX.

Résumé et conclusions du livre II.

Il faut clore ce chapitre : aussi bien nous croyons y avoir passé en revue toutes les objections importantes. S'il en est resté quelques-unes en dehors, nous aurons peut-être occasion de les ressaisir et de les examiner au courant de la troisième et dernière partie de la tâche que nous nous sommes imposée ; nous nous croyons donc autorisé dès à présent à résumer et conclure ainsi notre second paragraphe :

Oui, quoi qu'en aient dit des hommes éminents, bien intentionnés à coup sûr, mais fourvoyés dans les sentiers multiples et souvent obscurs de la science, oui, les propositions suivantes sont vraies :

L'auteur, l'inventeur ou l'artiste, comme tout autre homme, a le droit d'exercer son activité, de faire des efforts pour arriver à la satisfaction de ses besoins et de ceux de sa famille, de travailler et de recueillir l'utilité, les produits, les fruits, la valeur de son travail.

C'est là pour lui, comme pour tout le monde, *la propriété.*

Or, le résultat, le fruit, le produit de son travail, c'est une idée déterminée : cette idée est susceptible d'*utilité* et de *valeur* ; tant qu'il la garde ou ne peut la garder que pour lui, qu'il ne manifeste son idée à aucun autre homme, il n'y a là qu'*utilité* dont jouit individuellement celui qui accomplit l'effort. Mais en tant qu'il peut livrer cette idée et du moment qu'il la livre à un autre homme pour l'*échanger*, il y a *service* possible ou rendu à cet autre homme, et, par conséquent, *valeur* ; cette valeur appartient à celui qui l'a créée et qui a rendu, veut ou peut rendre le service.

L'idée peut, comme tout autre effort de l'homme, pour ne pas rester stérile, avoir besoin, dans certains cas, de s'exercer sur la matière, de l'emprunter, de s'y adjoindre ; en un mot, de recourir au moyen accessoire de l'*appropriation* à nos besoins d'un objet extérieur. L'idée peut, en effet, se manifester ou par la parole, par simples signes et mouvements (comme dans l'art chorégraphique, la pantomime ou les conférences entre muets), par l'écriture, l'imprimerie, la peinture, la sculpture, l'architecture, la fabrication, etc. ; alors, il y a là, outre le précédent travail intellectuel, un autre travail tout matériel, comme celui de l'appropriation d'une terre.

Ce nouveau travail peut n'être pas fait par l'individu même qui crée l'idée, il peut être exécuté par un autre homme, par le copiste, l'imprimeur, le fabricant, et alors, il y a deux propriétés distinctes : la propriété intellectuelle et la propriété matérielle, mobilière ; elles peuvent se réunir dans un seul individu, mais, même chez lui, elles demeurent séparables, avec des parts afférentes diverses dans le prix total de la rémunération.

Tout gît, en vérité, dans cette distinction, qui, une fois faite, empêche de se laisser aller à cette erreur, consistant à n'attribuer au créateur de l'idée que la propriété matérielle du manuscrit, du tableau, du monument ou de la locomotive, et de confondre, au point de vue de l'effort et du service rendu, l'écrivain et son copiste.

Certainement, la jouissance qui peut résulter pour tous de la contemplation de l'objet, de l'acquisition d'un nouveau degré de certitude pour la conscience humaine, du renversement d'anciens obstacles vaincus par l'effort de l'auteur ou de l'inventeur dont les travaux ont rendu moins pénibles à l'avenir les efforts restant à faire pour agrandir le domaine général de l'intelligence et de l'industrie, sans doute, cette jouissance appartiendra nécessairement à tous ; tous la pourront percevoir comme les simples promeneurs peuvent respirer les parfums pénétrants des fleurs d'un parc étranger ou d'un marché public, et sortir enivrés sans avoir assurément fait aucun tort aux propriétaires de ces plates-bandes et de ces marchandises embaumées. Cette noble et immatérielle jouissance, elle fait désormais partie de la communauté universelle où se trouvent et se reversent toutes les *utilités* naturelles et acquises ; mais la *valeur* vénale, commerciale, échangeable, appartient à l'auteur de l'idée, et il résulte seulement de tout cela que le travail intellectuel est celui qui, tout en créant de la valeur, produit en même temps le plus d'utilité générale ; c'est le travail le plus élevé, le moins égoïste, le plus libéral de tous !

LIVRE III.

MODIFICATIONS LÉGISLATIVES.

Cette dernière partie de notre tâche sera courte; car on comprend bien que nous voulons indiquer les seules modifications fondamentales que devrait entraîner nécessairement l'adoption du principe qui vient de faire l'objet de la discussion précédente, c'est-à-dire le principe de la perpétuité en matière de propriété intellectuelle. En outre, comme nous ne nous faisons pas illusion au point de croire cette adoption prochaine, nous regarderions, comme travail prématuré, à la fois prétentieux et sans utilité sérieuse, un projet détaillé, et rigoureusement formulé en articles de loi. Au point où en sont les esprits sur cette matière, nous avons bien pu croire que la présentation d'un essai de théorie pouvait hâter la maturité de l'opinion publique sur ces questions, et avancer l'époque de leur solution ; mais il serait peu digne d'un esprit pratique de vouloir, quant à présent, aller au delà, et de songer qu'il est possible, d'ores et déjà, d'imposer et libeller la solution elle-même.

Les modifications qu'on peut regarder comme la conséquence logique de notre théorie peuvent donc se réduire aux suivantes :

1° *La déclaration de perpétuité ;*

2° *L'établissement des règles de la prescription ;*

3° *L'établissement des règles de l'expropriation pour cause d'utilité publique.*

§ I.

Perpétuité.

Quant au premier point, il est bien évident que, si les principes que nous avons posés sont vrais, la propriété intellectuelle doit avoir la même durée que la propriété ordinaire, c'est-à-dire qu'elle doit être perpétuelle.

Les adversaires de la propriété dont nous demandons la consécration ont vu de grands dangers pour l'intérêt public, précisément dans cette proclamation de perpétuité. Ils ont allégué que le progrès industriel serait arrêté, que la diffusion des ouvrages utiles serait amoindrie, que le prix des livres ou des instruments se trouverait élevé outre mesure, etc.

Aucune de ces craintes n'est fondée, et nos adversaires peuvent se rassurer complétement. La perpétuité est, il est vrai, de l'essence de la propriété ; mais où sont, au point de vue individuel, les propriétés réellement perpétuelles ? Les meubles se détériorent et se détruisent par l'usage ; les rentes sont rachetables, les édifices s'écroulent, les prescriptions, les déshérences mettent fin à la propriété foncière elle-même.

Quant aux propriétés intellectuelles, hélas ! toutes ont, suivant leurs différentes espèces, des chances diverses et inévitables d'extinction. Combien d'ouvrages antiques aujourd'hui perdus ! combien peu d'ouvrages modernes iront vraisemblablement à la postérité ! Dans tous les cas, ils y parviendront, comme ceux d'Homère, de Virgile, d'Horace, de Tacite, de Montaigne, de Molière, et de quelques auteurs plus récents encore, au profit seulement de l'humanité, mais sans qu'aucun descendant de ces hommes illustres survive pour réclamer le prix des éclatants services rendus par son glorieux ancêtre. Où sont les œuvres de Xeuxis et de Praxitèle? Où seront, dans quelques siècles, les chefs-d'œuvre du divin Raphaël? Où sont ses héritiers? Quant à l'industrie, c'est mieux ou pire encore. Est-ce qu'une découverte n'est pas bientôt distancée ou supplantée par une découverte nouvelle? Est-ce qu'une machine, considérée aujourd'hui comme un progrès sur les appareils anciens, ne sera pas demain menacée, puis plus tard détrônée par la concurrence d'une mécanique analogue, regardée comme meilleure ou plus économique? Croyez-vous qu'avec la perpétuité Quinquet ferait aujourd'hui fortune en présence de Carcel ou de Franchot? L'inventeur des réverbères continuerait-il de fournir la ville de Paris? Et ne savez-vous pas que les manipulateurs de l'électricité, ou simplement des résidus de la houille, réveillent déjà les craintes des puissantes compagnies privilégiées de l'éclairage au gaz?

Quant au renchérissement des livres ou des produits de l'industrie, qu'on se rassure encore; ce qui se passe sous nos yeux pour les ouvrages des auteurs contemporains est de nature à calmer toutes les craintes. Nous voyons les ouvrages des écrivains les plus célèbres publiés dans des éditions populaires, dans tous les formats, à des prix d'un rabais progressif et fabuleux : vous aurez toutes les poésies de Victor Hugo pour 2 fr. 55 c.; la charmante idylle de *Graziella*, pour 1 franc ; chacune des œuvres du plus prolifique de nos romanciers pour 4 sous, avec gravures ! Et les inventeurs ? « Ils vendraient cher, direz-vous, répondait M. Jobard à quelques objections, bienveillantes d'ailleurs, que lui adressait alors le prisonnier de Ham (Lettre du 15 janvier 1844 [1]). Ils s'en garderaient bien ; car ils apprendraient ce qu'ils paraissent avoir ignoré jusqu'ici, que les perfectionnements n'ont pas de terme, et que, dans un tour de main, un homme de génie peut se superposer à la plus grande exploitation, et la forcer à compter avec lui ou à subir le sort de tout ce qui se laisse dépasser... L'encrier de Perry, dans lequel je puise en ce moment mes arguments, ce petit appareil où la liqueur s'élève par la pression de l'air, était un fort joli petit meuble, que son inventeur pouvait espérer de voir généralement adopter, s'il l'eût vendu 5 fr.; mais il en a demandé 15, et dès lors sont arrivées des écritoires mécaniques de toute espèce qui l'ont d'abord remplacé, puis dépassé, telles que l'encrier siphon, l'encrier pompe, l'encrier à plongeur entre autres, qui vaut infiniment mieux, et se vend trois fois moins cher. »

Mais que de victimes, au contraire, a faites la durée trop courte des brevets ! Watt lui-même serait mort dans la misère, et n'eût tiré aucun profit de la découverte qui a révolutionné le monde moderne, si l'énergique insistance de l'avocat Bolton, son intelligent associé, n'avait

[1] Cf. *Le Monautopole*, p. 120.

pas obtenu la prolongation de la patente expirée de l'inventeur. « Carcel (dit encore, page 114, *loc. cit.*, M. Jobard), homme assurément compétent en matière d'industrie, Carcel, n'ayant qu'un brevet de dix ans, ne pouvait trouver de capitaux pour exploiter son industrie sur une grande échelle ; faute d'un outillage de vitesse, il était réduit à confectionner sa lampe pièce à pièce, comme un horloger de province fabrique, au prix de 60 francs, une montre que Genève et Neufchâtel peuvent livrer à 20 francs. Le prix élevé au-dessous duquel Carcel ne pouvait fournir ses appareils a donné lieu à une multitude considérable d'inventions analogues, et à meilleur marché. Ainsi, nous avons eu la lampe *Cagneau*, la lampe *Careau*, la lampe *Galy*, la lampe *Jouane*, la lampe *Rouen*, la lampe *Cassin*, la lampe *Tilorier*, la lampe *Robert*, et une infinité d'autres, qui ont tellement ruiné le pauvre *Carcel*, qu'il est mort en ne laissant que son enseigne pour toute fortune à ses enfants. S'il eût trouvé des capitaux, il eût pu donner sa lampe à 25 fr., et l'on n'eût peut-être pas cherché mieux de longtemps. »

Qui n'a entendu parler de ces faméliques descendants de nos plus illustres écrivains, de ces héritiers, sans autre patrimoine qu'un grand nom rayonnant sur leur obscurité, de ces enfants trouvés de la gloire, de ces Racine, de ces Corneille, inconnus, recueillis de nos jours par la charité publique ? Qui n'a su l'histoire de cette petite fille de Sedaine, regardant, au milieu des angoisses de la faim, la foule pressée au seuil du Théâtre-Français, dont l'affiche annonçait *le Philosophe sans le savoir ?*

Ainsi donc, la durée actuelle des brevets et des titres intellectuels est trop courte; d'ailleurs, cette limitation ne peut s'accorder avec les véritables principes de la propriété, qui, en droit, est perpétuelle. Il est vrai qu'en matière de propriété intellectuelle, par la marche incessante de la science, par suite du progrès continu, ce qui constituait jusqu'ici un *service*, de la *valeur*, redevient de l'utilité gratuite, et ce qui était une propriété finit, sous les coups des découvertes nouvelles, sous la concurrence des améliorations, par se diminuer, puis s'anéantir; c'est la fin naturelle de presque toute propriété intellectuelle, mais aucune autre limite artificielle ne saurait lui être légitimement substituée, du moins sans indemnité, ou bien il y a tyrannie, arbitraire et spoliation.

Une des premières conséquences encore de l'admission de nos principes devra être l'abrogation du honteux article 32 de la loi du 8 juillet 1844 sur les brevets d'invention, lequel article porte, dans les formes les plus brutales, la monstrueuse peine de la confiscation contre le malheureux inventeur en retard, de quelques heures peut-être, pour le payement de l'annuité.

S II.

Prescription.

Nous avons rappelé, dans le livre Ier, que le droit de propriété ordinaire, comme tous les droits et toutes les facultés de l'homme, s'exerce d'abord, il est vrai, à son profit personnel, mais aussi, plus ou moins directement, quelquefois presque à l'insu et sans la participation de l'individu, au profit de la société tout entière, et que le propriétaire a vis-à-vis d'elle certains devoirs d'action à remplir; s'il les méconnaît, et, par une trop longue négligence, porte préjudice à l'intérêt social, il s'expose à la déchéance de son droit par la prescription. Ces principes sont de tous points applicables à la propriété intellectuelle. Si donc, par une cessation abusive de la reproduction ou de l'exploitation d'une œuvre ou d'une découverte quelconque, l'écrivain, l'artiste ou l'inventeur, ou leurs héritiers et représentants, tout en désertant leur intérêt personnel, trahissent en même temps l'intérêt général, leur droit pourra se trouver prescrit.

Quel sera le temps d'abandon nécessaire pour que cette prescription soit encourue? Ce laps de temps devra évidemment varier selon les différents objets de la propriété intellectuelle, comme il varie suivant qu'il s'agit de meubles, de revenus ou de domaines fonciers. Le délai ordinaire de trente ans pourra sembler convenable pour les œuvres littéraires, un délai de dix années seulement pourra suffire quant à l'exploitation des inventions industrielles; d'autres mesures pourront être adoptées encore à l'égard des conceptions des peintres, sculpteurs, graveurs, musiciens, etc. Il serait oiseux et difficile de tracer à l'avance des règles absolues à cet égard.

§ III.

Expropriation pour cause d'utilité publique.

Les principes qui ont fait consacrer cette exception à
la perpétuité en matière de propriété ordinaire, et que
nous avons énoncés en leur lieu, sont également de mise
en matière de propriété intellectuelle. L'expropriation
pourrait être demandée soit par l'État, au nom de la société, soit directement à la diligence d'un particulier avec
l'autorisation de l'État ou de la loi. Dans ce dernier cas,
le motif d'intérêt public, pour substituer, entièrement
ou partiellement, un nouvel exploitant à l'exploitant primitif, serait l'extension devenue indispensable, ou l'a-
mélioration, ou des garanties plus sérieuses de loyale et
utile exploitation. Dans le cas où l'expropriation pour
cause d'utilité publique sera prononcée de telle manière
que l'exploitation primitive doive, en tout ou en partie,
passer aux mains d'un particulier, il sera délivré à celui-
ci un titre purement temporaire pour un délai fixé, et
sauf prolongation ultérieure. Ce sera le véritable *brevet
d'exploitation*, dont quelques auteurs, favorables d'ailleurs à la propriété intellectuelle, ont réclamé la substitution au *brevet d'invention*. Quant à nous, qui avons foi
profonde dans le droit de perpétuité et qui n'y concé-
dons, en matière de propriété intellectuelle, d'autres
exceptions que celles-là même admises pour la propriété
ordinaire, nous comprenons bien la substitution ingénieuse des *brevets d'exploitation* aux *brevets d'invention*,

mais seulement comme moyen transitoire, comme expédient, en attendant la consécration définitive du vrai principe ; nous ne saurions comprendre et admettre autrement les *brevets d'exploitation*.

L'expropriation pour utilité publique ne peut avoir lieu qu'à la condition d'une juste et préalable indemnité ; cette indemnité devra être évaluée par un jury spécial.

Rien de plus facile assurément que de composer ce jury, sur une liste de tous les notables de l'art, de la science, des lettres, du commerce et de l'industrie, divisés en groupes spéciaux, tels que savants, artistes, industriels, écrivains, etc. ; lesquels pourront se subdiviser et se réunir suivant la spécialité ou la complexité des affaires soumises au jury.

Voilà tout ce que nous voulions dire sur les modifications directement et nécessairement entraînées, comme inévitables conséquences, par nos prémisses. Cependant ces derniers détails, relatifs à la constitution d'un jury spécial en matière de propriété intellectuelle, nous amènent trop naturellement à songer à deux autres questions intéressantes, bien que secondaires, il est vrai, au point de vue du présent travail, pour qu'il ne nous soit pas permis d'en dire deux mots avant de finir. Il s'agit de l'*examen préalable* en matière d'inventions, et d'une *juridiction spéciale* pour les affaires contentieuses relatives aux brevets.

§ IV.

Examen préalable.

Cette question a été, elle est encore l'objet d'une très-vive controverse parmi les partisans les plus déclarés de la propriété intellectuelle. Les uns y voient un immense danger ; les autres un grand bienfait pour les inventions. Ceux-ci proclament l'*examen préalable* comme la perte, ceux-là comme le salut des brevetés. Parmi les premiers, se trouve l'auteur du *monautopole ;* parmi les seconds, un homme non moins compétent, consommé dans la pratique légale et industrielle des brevets, M. Gardissal, le directeur du journal *l'Invention.*

Quant à nous, sans partager au même degré les craintes ou les espérances, un peu exagérées que l'on manifeste dans les deux camps opposés, nous croyons cependant que l'*examen préalable*, avec certaines précautions et dans certaines limites, peut faire disparaître les inconvénients, assurément très-graves, du système actuel de brevets *sans garantie* aucune, et qu'il peut parfaitement s'allier avec la reconnaissance la plus entière du droit de propriété intellectuelle.

En effet, le désavantage que la propriété intellectuelle peut présenter dans beaucoup de cas, au regard de la propriété ordinaire, c'est l'incertitude de limites notoires, c'est cette absence de clôture qui attire les pillards et les esprits contentieux ; il n'en résulte pas seulement un mal individuel pour les inventeurs, dont la propriété, basée sur des titres vagues et sans garantie, trouve si difficilement des capitaux, et rencontre si aisément des procès ; il y a aussi préjudice social dans cet incessant état de lutte, et dans la stagnation de tant d'industries, dont l'exploitation sérieuse et paisible enrichirait la société. Si bien que les mêmes motifs qui ont, en matière de propriété ordinaire, porté le législateur de tous les temps, chez toutes les nations civilisées, à prescrire les clôtures, à autoriser le bornage et la délimitation à frais communs pour les héritages voisins ou bordant la voie publique, ces motifs s'appliquent avec toute leur force à la propriété intellectuelle.

Qu'on puisse donc toujours, qu'on doive même soumettre d'abord son titre à l'examen, que toute invention soit préalablement délimitée, que les bornes soient apposées, les clôtures ordonnées par des juges compétents, contradictoirement avec le propriétaire et avec tous tiers opposants et intervenants, nous ne voyons rien à redire à cela.

Malgré tout ce qu'on a pu objecter touchant les inconvénients et les abus que peut entraîner l'examen préalable tel qu'il est pratiqué en Prusse, et même tel qu'il s'exerce dans la libérale Amérique, cet examen préalable ne nous présente rien de plus dangereux ou de plus difficile que l'examen *ultérieur* auquel l'inventeur est obligé de recourir toutes les fois qu'il poursuit un contrefacteur, ou qu'un contrefacteur l'attaque en nullité ou déchéance de brevet ; et tout inventeur sait combien de fois il est obligé de se soumettre à cet examen.

D'ailleurs, nous n'admettrions pas que cette action de limitation et de bornage pût jamais avoir pour résultat immédiat un jugement absolu sur l'existence de la propriété elle-même. Dans le cas où l'opinion du jury serait complétement négative et défavorable à l'inventeur, si celui-ci persiste dans sa prétention, on lui délivrera un brevet qui fera mention de l'avis du jury, et le breveté sera libre d'exploiter et de défendre alors sa prétendue découverte, à ses risques et périls, devant la juridiction spéciale dont nous allons parler tout à l'heure. Au contraire, dans le cas d'une décision favorable, et après les formalités de publicité et les délais d'opposition, la propriété de l'inventeur qui aura subi heureusement ces épreuves se trouvera en même temps nettement définie et définitivement consacrée.

Avec un pareil titre, celui qui en sera porteur pourra du moins solliciter avec confiance et chances réelles de succès les capitaux nécessaires pour l'exploitation de sa découverte ; et les procès qu'il pourra intenter aux contrefacteurs, encore possibles, seront du moins désormais débarrassés des questions ardues de nouveauté et d'antériorité. Il n'y aura plus qu'à comparer les produits du breveté avec ceux du contrefacteur ; s'il y a similitude, il y aura, par cela même, contrefaçon et condamnation.

Nous voudrions enfin que les jurés fussent autorisés à se montrer très-larges sur l'appréciation de l'invention ; et, prenant en considération la bonne foi possible de l'inventeur, à regarder dans beaucoup de cas, comme suffisamment nouvelle, une découverte non exploitée en France depuis un certain nombre d'années, et non clairement décrite en langue française ni dans des publications connues. Nous désirerions, en dernier lieu, qu'il fût expressément interdit au jury de jamais s'arrêter au peu d'importance de l'invention.

§ V.

Juridiction spéciale.

Une juridiction spéciale pour les matières de propriété intellectuelle, artistique, littéraire, industrielle, industrielle au moins, nous paraît tout aussi désirable que la mesure de la délimitation préalable. Les tribunaux ordinaires ont, certes, fait preuve d'une grande et ferme intelligence générale en matière de propriété intellectuelle; la jurisprudence, qui a discuté et consacré tant de vrais principes, est là pour l'attester. Mais ce qui doit nécessairement manquer aux juges ordinaires les plus éclairés, ce sont les connaissances spéciales, théoriques et pratiques, si diverses, que demande la solution des difficultés industrielles. Si le commerce a depuis si longtemps exigé et obtenu une juridiction spéciale, pourquoi l'industrie, qui a pris de nos jours un développement si considérable, et qui s'accroît toujours, pourquoi n'obtiendrait-elle pas aussi une juridiction particulière? Il lui faut également des juges pris dans son sein, des sentences plus rapides et moins coûteuses que les jugements de droit commun.

Cette liste des jurés (et ceci relie l'examen des deux dernières questions supplémentaires à l'examen de la question d'expropriation), telle que nous l'avons proposée pour les cas d'expropriation pour cause d'utilité publique, nous paraît pouvoir fournir aussi les éléments d'un jury, d'une ou deux Chambres d'examen préalable, et de jurys ou tribunaux spéciaux pour l'industrie. Les détails d'organisation appartiennent à l'expérience, c'est-à-dire à l'avenir.

Notre tâche, telle que nous l'avons circonscrite et comprise, est maintenant tout entière accomplie. Ce n'est pas que nous ayons la prétention de croire qu'elle doit l'être d'une manière complète et parfaite. Dans les auteurs auxquels nous avons emprunté l'élucidation de certains principes, nous avons été obligé de laisser de côté comme contradictoires, ou même de combattre comme évidemment erronées, certaines opinions, certaines déductions illogiques de ces grands esprits [1]. C'est qu'il n'est donné à aucun homme, si élevée que puisse être son intelligence, d'arriver à embrasser à la fois, d'un coup d'œil également sûr, tout l'ensemble et tous les détails. J.-B. Say a dit : « Il n'est donné à personne d'arriver aux confins de la science. Les savants montent sur les épaules les uns des autres pour explorer du regard un horizon de plus en plus étendu. »

C'est ainsi que peut-être, malgré notre accablante infériorité, arrivant après de tels hommes, et nous dressant sur les immenses résultats déjà obtenus et amoncelés par leurs travaux antérieurs, avons-nous pu mieux saisir les rapports vrais et l'importance relative des détails, ou plus nettement discerner les contours de l'horizon

---

[1] Kant a donné, en effet, une théorie beaucoup plus ingénieuse que vraie sur la nature du droit des auteurs; et F. Bastiat, dans son chapitre *De la Concurrence*, semble avoir oublié ou même méconnu le droit des inventeurs.

dont ils avaient déjà distingué les grandes lignes. C'est assurément tout ce qu'il nous était permis d'espérer, et nous serons bien suffisamment récompensé de nos efforts, si cette espérance n'est pas tout à fait trompée.

FIN.

TABLE DES MATIÈRES.

LIVRE III.

FIN DE LA TABLE.

TYPOGRAPHIE HENNUYER, RUE DU BOULEVARD, 7, BATIGNOLLES.
Boulevard extérieur de Paris.

EXTRAIT DU CATALOGUE GÉNÉRAL
DES LIVRES DE JURISPRUDENCE

—

NOTA. Le Catalogue général des livres anciens et nouveaux sera envoyé aux personnes qui en feront la demande par LETTRES AFFRANCHIES.

———

AGENDA pour les Receveurs municipaux, suivi de notes complémentaires pour les receveurs spéciaux, et d'une table alphabétique et analytique contenant une instruction sur le timbre ; ouvrage utile aux maires, administrateurs d'hospices, secrétaires de communes, receveurs des finances, conseillers de préfecture, etc. 3e édit. 1854, in-8.   5 fr.

—La table séparément.   2 fr. 50

AHRENS. Cours de Droit naturel, ou philosophie du droit, d'après l'état de cette science en Allemagne, 3e édit. 1852, in-8.   9 fr.

† **ALLEMAND**, ancien bâtonnier de l'ordre des avocats à la Cour de Riom. Traité du Mariage et de ses effets. 2 forts vol. in-8.   10 fr.

L'auteur s'est occupé de toutes les parties des lois civiles qui avaient trait au mariage et aux droits personnels des époux, et il a traité un grand nombre de questions, les unes précédemment soulevées, d'autres nouvelles, en un mot, toutes celles que pouvait lui suggérer une expérience de quarante-cinq années dans l'exercice très-actif de la plaidoirie et de la consultation.

En examinant ces questions, l'auteur a rappelé le droit ancien, le droit nouveau, les opinions des jurisconsultes, la jurisprudence de tous les temps. Il a même indiqué, par des annotations, la législation des peuples voisins sur les matières importantes qu'il traitait.

ANTHOINE DE SAINT-JOSEPH. Concordance entre les Codes civils étrangers et le Code Napoléon. 2e édition, entièrement corrigée et augmentée de la législation de plus de quarante pays. (*Sous presse.*)   » »

—Concordance entre les Codes de commerce étrangers et le Code de commerce français. 1843-1851, in-4.   30 fr.

« La *Concordance*, publiée par M. Anthoine de Saint-Joseph, est un livre de haute uti-
« lité, répondant aux besoins actuels de la science. Il place dans toutes les mains des
« textes nombreux et importants, qu'il était difficile de se procurer, ne fût-ce
« qu'en partie, et dont la plupart n'avaient pas été encore traduits en français ; il po-
« pularise les comparaisons législatives, et permet de les multiplier sans recherches et
« sans effort. En regard du Code français, et dans une suite de colonnes qui occupent
« le verso et le recto de deux grandes pages in-4o, l'œil parcourt facilement les disposi-
« tions contenues dans les Codes commerciaux des pays suivants : Espagne, Hollande,
« Portugal, Wurtemberg, Hongrie, Prusse, Russie, et dans l'ordonnance de Bilbao, qui
« régit le Mexique et plusieurs pays de l'Amérique du Sud. Une seconde partie contient,
« non plus sous la forme de tableaux, mais à la suite les unes des autres, les lois com-
« merciales des pays suivants : Anhalt-Cœthen, Anhalt-Dessau, Autriche, Bade, Bavière,
« Brême, Brunswick, Danemark, Deux-Siciles, États-Romains, États-Unis, Francfort,
« Grande-Bretagne, Grèce, Haïti, Hambourg, Hanovre, Hesse, Iles Ioniennes, Lombardie,
« Lubeck, Malte, Mecklembourg, Nassau, Norwège, Sardaigne, Saxe, Saxe-Altenbourg,
« Saxe-Cobourg-Gotha, Saxe-Weimar, Suède, Suisse, Tunis, Turquie, Valachie. Pour
« d'autres pays, de courtes notices renvoient aux législations qui les régissent.
« Cette énumération suffit pour faire comprendre l'importance et l'utilité de cet ouvrage,
« en tête duquel l'auteur a placé une fort bonne introduction. »
          (*Revue de législat.*, art. de M. Renouard.)

—Concordance entre les Lois hypothécaires étrangères et françaises, ouvrage contenant les textes et résumés des lois hypothécaires de *cinquante-trois* pays. 1847. 1 vol. gr. in-8.   12 fr.

ARBOIS *de Jubainville*. Recherches sur la Minorité, et ses effets en droit féodal français, etc. 1852, br. in-8.   3 fr.

(Ce travail a obtenu de l'Académie une mention honorable en 1853.)

BACQUA. *Codes Napoléon :* Législation française contenant, outre la Constitution et les Codes ordinaires, des Codes spéciaux sur chacune des autres matières du droit ; de plus, sous une rubrique distincte, les lois, décrets et ordonnances sur les matières qui n'ont pu être codifiées, des annotations sur les lois les plus usuelles, la définition et l'explication des termes de droit, et enfin la corrélation exacte des articles des Codes. 8e édition, augmentée des lois organiques et des lois diverses. 1854. 1 vol. in-18.   5 fr.

—Codes de la législation française, ouvrage contenant, outre le Code politique et les Codes ordinaires, des Codes spéciaux, etc.; édition nouvelle entièrement refondue et modifiée. 1854, in-8.   15 fr.

—Législation des Chemins de fer. 1847, in-8.   5 fr.

BAUDOT, ancien conservateur des hypothèques. Traité des Formalités hypothécaires, indiquant les lois y relatives, les obligations qu'elles imposent

aux particuliers, les avis du Conseil d'Etat, la jurisprudence de la Cour
de cassation et des Cours royales; enfin l'organisation des bureaux d'hypothèques, la manutention et les devoirs des conservateurs. 3e édition,
mise au courant de la jurisprudence et de la doctrine, revue et considé-
rablement augmentée, par Ch. Baudot, avocat; 2 vol. in-8.

La matière des hypothèques n'est pas seulement une des plus importantes et des
difficiles du Code, au point de vue théorique; les nombreuses formalités exigées par
la loi, dans l'intérêt du crédit public, en ont, en même temps, rendu l'application
que pleine de difficultés et de dangers. Aussi l'attention des jurisconsultes s'est portée de ce côté avec une prédilection toute particulière; mais, prenant presque
la question au point de vue de la science abstraite, ils n'ont écrit que pour
le palais. M. Baudot a voulu écrire pour le public: sans négliger la théorie,
seule donner la lumière et montrer la route, il s'attache surtout, comme
dique, à tracer un exposé clair et méthodique des formalités exigées par
met, à écrire un manuel pratique, à l'usage tant des officiers publics (avoué,
préposés de l'enregistrement, conservateurs) que des simples particuliers.

BAYON (A.). Observations sur l'interprétation donnée par
de la Cour de cassation à l'art. 11 de la loi du 21 avril 1810,
les Mines, les Minières et les Carrières. 1852; in-8.

BEAUREPAIRE (Ch. de). Essai sur l'asile religieux dans l'empire
monarchie française. 1854, in-8.

BEAUTEMPS-BEAUPRÉ, substitut. De la portion des biens disponibles
la réduction. 1855, 2 vol. in-8.

BEDARRIDE. Traité du Dol et de la Fraude en matière civile
ciale. 1852, 3 vol. in-8.
—Droit commercial, commentaire du Code de commerce.
commerçants. Titre II. — Des livres de commerce. 1854, in-

BELIME, Philosophie du Droit, ou Cours d'introduction à la science
1844-47, 2 vol. in-8.

BELLOT DES MINIÈRES. Régime dotal et communauté d'acquêts
forme de commentaire. 1851-1854, 4 vol. in-8.

« Les trois premiers volumes de cet important ouvrage comprennent
la communauté; le quatrième et dernier est consacré tout entier à la société
C'est donc, à tous égards, le travail le plus étendu qui aura été publié
dotal et la société d'acquêts. M. Bellot des Minières aime le régime dotal
avec ardeur contre des autorités considérables qui se sont produites dans
années. Son ouvrage sera recherché avec empressement par les législateurs
gitent les questions de dotalité, c'est-à-dire par ceux de la France presque
                                        (Armand Dalloz, Recueil

BENECH, professeur. Du Droit de Préférence en matière de purge
thèques légales dispensées d'inscription et non inscrites. 1858,

BENOIT. Traité de la Dot, 1846, 2 vol. in-8.
— Traité des Biens paraphernaux. 1846, in-8.
— Traité du Retrait successoral. 1846, in-8.

Pour donner une idée du Traité de M. Benoit sur les biens paraphernaux
gnalerons les divers chapitres contenus dans l'ouvrage:
« Quels biens sont réputés paraphernaux.
« Des obligations de la femme naissant de la paraphernalité de ses biens.
« Des droits et des obligations du mari à l'égard des biens paraphernaux, lorsqu'il les
administre en vertu du mandat de la femme.
« Des droits et des obligations du mari à l'égard des biens paraphernaux,
« Droit du mari sur les biens paraphernaux, lorsqu'il en jouit sans mandat.
« Obligations du mari à l'égard des biens paraphernaux de la femme, etc.
« Des droits et actions de la femme contre le mari et contre les tiers pour le recou-
vrement de ses paraphernaux.

BENTHAM. OEuvres complètes, traduites de l'anglais par Dumont.
gr. in-8 à 2 colonnes.
—Tactique des Assemblées législatives, in-18.

BERTAULD (A.), professeur. De l'Hypothèque légale des femmes mariées
sur les conquêts de la communauté. Monographie. 1852, in-8.
—De la Subrogation à l'Hypothèque légale des femmes mariées. Études critiques. 1853, in-8.

BERTIN. Chambre du Conseil en matière civile et disciplinaire. Jurisprudence du tribunal civil de la Seine, et introduction de M. de Belleyme.
1853, 2 vol. in-8.   15 fr.

Le Code Napoléon et le Code de procédure civile ne contiennent que de rares et très-
laconiques dispositions sur la Chambre du conseil. Cependant, la nécessité des choses et
l'expérience ont démontré que cette juridiction, trop peu connue des jurisconsultes et
même des praticiens, constituait un des rouages importants de notre organisation judi-

ciaire. Aussi la révision du Code de procédure, en 1841, la loi du 30 juin 1838 sur les aliénés, et celle du 3 mai 1841 sur l'expropriation pour utilité publique sont venues successivement élargir le cercle de ses attributions. En présence des lacunes de la loi, du silence de la doctrine sur une matière aussi importante et aussi pratique, M. Bertin a cru devoir préciser la nature, l'étendue et les limites de la Chambre du conseil. Il a été puissamment aidé, dans ses investigations, par la jurisprudence du tribunal de la Seine et les nombreux documents que M. le président de Belleyme a mis à sa disposition. M. Bertin, sous forme d'observations, a fait des traités séparés sur chacune des attributions de la Chambre du conseil ; il a placé à la suite de ces observations les monuments de la jurisprudence du tribunal de la Seine.

— Code des Irrigations. 1852, in-8. 3 fr.

— Histoire et révision du procès Lesurques, suivies des rapports de MM. Zangiacomi, etc. 1851, in-8. 3 fr.

† **BILLEQUIN** et **CHAUVEAU**. Commentaire du Tarif; nouvelle édition, mise au courant de la jurisprudence. 2 vol. in-8. (*Sous presse.*)

BLANC. (*V.* Lois.)

BLONDEAU, ancien doyen de la Faculté de Droit. Essais sur quelques points de législation ou de jurisprudence, in-8. 5 fr.

— Table des 10 vol. de *la Thémis*, br. in-8. La table séparément. 1 fr. 50

— Esquisses d'un Traité des obligations solidaires. In-8. 1 fr. 50

BOECKING (Ed.). Notitia Dignitatum et administr. omnium tam civilium quam militarium in partibus Orientis et Occidentis, etc. *Bonnae*, 1839-1853, 5 part. en 3 vol. in-8, dont un d'index. 35 fr.

BOECKINGIUS. Corpus juris romani antejustinianei, consilio professorum Bonnensium institutum. 1841, 1 vol. in-4. 15 fr.

BOEHMER (J. Fried). Codex diplomaticus Moenofrancofurtanus (794-1400). *Francofurti*, 1836, 1 vol. in-4. 15 fr.

BONNIER, professeur. Traité théorique et pratique des Preuves en droit civil et en droit criminel. 2e édit., revue et consid. augmentée. 1852, in-8. 9 fr.

Cet ouvrage est incontestablement le traité le plus complet, c'est même l'unique monographie moderne sur la matière si importante et si usuelle des preuves. Il a déjà reçu les suffrages des hommes les plus considérables dans la science du droit, et il a été traduit en italien. Mais l'auteur ne s'est pas contenté de laisser son œuvre telle qu'il l'avait d'abord composée ; il a voulu, par des changements, des additions, des améliorations de tout genre, qui recommandent d'une manière spéciale cette nouvelle édition, la compléter et la rendre de plus en plus digne de l'accueil qui lui a été fait. Philosophie, histoire, théorie, pratique, rien n'a été négligé. Outre l'introduction et des notions générales, l'ouvrage renferme, dans la 1re partie, la descente sur les lieux et l'expertise ; dans la 2e partie, les divers modes de preuve orale, témoignage, commune renommée, aveu, serment..., et les divers modes de preuve écrite, actes authentiques, notariés, de l'état civil, procès-verbaux, actes sous seing privé ; dans la troisième, les présomptions ; dans la quatrième, l'effet rétroactif et le droit international. Cette dernière partie a été tout entièrement ajoutée dans cette deuxième édition.

BRUN. Nouveau Manuel des Conseillers de préfecture, ou Répertoire du droit administratif. 2 vol. in-8. 12 fr.

†**CARREY**. Recueil complet des Actes du Gouvernement provisoire (février à mars 1848), divisé en 2 part. 1848, in-12. 6 fr.

CASSASSOLES (Ferd.). Le Guide pratique du juge d'instruction. 1855, in-8. 6 fr.

†**CHABAILLE**. Glossaire du livre de Jostice et de Plet. 1850, 1 vol. in-4. 4 fr.

« On trouve dans cet ouvrage l'explication des mots hors d'usage qui se rencontrent « en si grand nombre dans le texte du *Livre de Jostice et de Plet;* l'auteur indique les « ouvrages, soit impr., soit manuscrits, d'où il a tiré les exemples cités dans ce Glossaire. »

†**CHABROL-CHAMEANE**. Dictionnaire des Lois pénales, contenant le texte des lois pénales ordinaires. 2e édit., corrigée d'après les lois nouvelles sur les brevets d'invention, la chasse et les patentes. 2 forts vol. in-8. 12 fr.

†— Dictionnaire de la Législation usuelle, contenant les notions du droit civil, commercial, criminel et administratif, avec des formules d'actes et de contrats, et le droit d'enregistrement de chacun d'eux; 4e édition, mise au courant du dernier état de la législation jusqu'en 1850. 2 vol. gr. in-8. 12 fr.

L'auteur s'est proposé, dans cet ouvrage, d'offrir un guide aux personnes de tous les états, de toutes les conditions, auxquelles la connaissance des lois est nécessaire ; et l'on peut dire avec vérité qu'elle est pour tous un besoin indispensable. Au milieu du mouvement d'affaires qui nous entraîne si vite, il n'est personne qui ne soit obligé d'avoir recours aux lois, et de prendre instantanément un parti, soit pour la gestion de sa fortune ou de son industrie, soit pour la défense de ses droits, soit enfin pour apprendre les devoirs qui lui sont imposés envers la société tout entière, etc.

CHAMBELLAN. Etudes sur l'histoire du Droit français. 1848, in-8 de 840 p. 9 fr.

CHAUVEAU. Principes de Compétence et de Juridiction administratives. 3 vol. in-8. 20 fr.

M. Chauveau, depuis longtemps connu par des ouvrages devenus classiques, sur plusieurs branches du droit, était plus à même que tout autre de systématiser celle dont l'enseignement lui était confié, et de lui donner une forme qui permît à toutes telligences d'en embrasser l'ensemble en même temps que les détails, font, nous doutons pas, ses *Principes de compétence et de juridiction administratives,* époque dans l'histoire de la science, et doivent être considérés dès à présent com point de départ d'un système nouveau et fécond en résultats.

CODE FORMULAIRE DE LA POLICE DU ROULAGE ET DES E 1853. Broch. in-8.

CODE FORMULAIRE DU CREDIT FONCIER DE FRANCE. in-8.

CODE FORMULAIRE DE LA GARDE NATIONALE ET DES POMPIERS. 1854, in-8.

CODE DE LA GENDARMERIE. Décret du 1er mars 1854. 1854. in

CODE FORMULAIRE DES PENSIONS CIVILES (avec 56 modèles

CODE FORMULAIRE DES SOCIETÉS DE SECOURS MUTUELS.

CUBAIN. Traité des Droits des Femmes, en matière civile et co 1842, in-8.

— Traité de Procédure devant les Cours d'assises. 1851, in-8.

DARESTE (R.). De la Propriété en Algérie, commentaire de la loi du 1851. 1852, in-12.

DELALLEAU. Traité des Servitudes établies pour la défense des guerre et de la zone des frontières. 2e édit. 1836, 1 vol. in-8.

DELAPALUD (Simon). De l'Application du Cadastre à la détermin propriété immobilière et autres droits réels, dans les pays soumis Napoléon, ou Commentaire sur le cadastre décrété à Genève en 1 vol. in-8.

DELSOL, docteur en droit. Le Code Napoléon expliqué, d'après les généralement adoptées à la Faculté de droit de Paris, tome I les matières exigées pour le premier examen de baccalauréat du Code). In-8.

— Tome III, contenant les matières exigées pour le deuxième exam cence (art. 1387-2219). In-8.

—Pour paraître en octobre prochain, le tome II.

DE MADRE, notaire à Paris. Formulaire pour Contrats de mariage — Formulaire pour Inventaires. 1852, 1 vol. in-4.

M. Massé indique dans son *Parfait Notaire* qu'il avait été rendu justice ordonnait à tous les notaires de faire les contrats de mariage dans la forme les notaires de Paris, et il appelait de ses vœux le moment où la pratique nos nouvelles lois auraient réalisé l'uniformité des formules en cette ma sous cette invocation que nous plaçons avec confiance l'excellent formulaire annonçons.

DEMOLOMBE, professeur doyen de la Faculté de droit de Caen. Co Code Napoléon.

— 1er *livre*. Traité complet de l'Etat des Personnes. 8 vol. in-8.

                Chaque traité se vend séparément:

1º De la Publication, des Effets et de l'Application des lois en général la Jouissance et de la Privation des droits civils ; — Des Actes de l'Etat ci vil ; — Du Domicile (Code Napoléon, art. 1 à 111). In-8.

2º De l'Absence (Code Napoléon, art. 112 à 143). In-8.

3º Du Mariage et de la Séparation de corps (Code Napoléon, art. 144 à 2 vol. in-8.

4º De la Paternité et de la Filiation (Code Nap., art. 312 à 352). In-8.

5º De l'Adoption et de la Tutelle officieuse ; — De la Puissance pa (Code Napoléon, art. 343 à 387). In-8.

6º De la Minorité, de la Tutelle et de l'Emancipation; de la Majorité l'Interdiction et du Conseil judiciaire ; — Des individus placés dan établissement public ou privé d'aliénés (Code Napoléon, art. 388 à 2 vol. in-8.

—2e *livre*. De la distinction des biens; de la Propriété; de l'Usufruit; de sage et de l'Habitation (T. IX et X). Art. 516 à 636. 2 vol. in-8.

Cet ouvrage est à la fois un livre de science et un livre de pratique; il s'adresse lement au Palais, aux étudiants et avocats. Cette double destination, si difficile à rem plir, en constitue le caractère particulier, et est devenue pour l'auteur l'occasion de déployer les mérites les plus divers et le plus rarement associés : l'étendue et la sobriété de l'érudition, la sagesse et la vigueur du raisonnement, la gravité et l'éclat du style. C'est là l'hommage qui lui a été rendu par un ancien bâtonnier de l'ordre des avocats de Paris, dans un excellent article de la *Gazette des Tribunaux:* « Toutes les sources du droit, dit-il, sont familières à l'auteur : ancienne législation, anciens jurisconsultes, tra vaux préparatoires du Code civil, monographies sur toutes les matières qu'il traite : je ne dirai pas qu'il a tout lu, c'est le devoir d'un écrivain consciencieux, mais il a tout approfondi. Il s'est approprié la science des autres en y ajoutant la sienne ; et, plus complet par cela même qu'il vient après eux, plus sûr peut-être dans ses décisions, puisqu'il a pu profiter à la fois de leurs découvertes et de leurs erreurs, il a eu toutefois le bon esprit de ne pas surcharger son ouvrage du vain appareil de l'érudition de ces citations trop nombreuses, de ces formes surannées du raisonnement et du langage que la science invente, et que la science plus avancée dédaigne... Un mérite qui n'est pas moins grand à nos yeux, et qui est plus rare peut-être dans les ouvrages de ce genre, c'est celui de la forme. M. Demolombe a fait faire un pas à la langue du droit ; il a compris que les sciences, à l'exception de celles qui empruntent un langage algébrique, ne montent au rang qui leur appartient qu'après qu'elles ont reçu une forme littéraire, et que les découvertes même de l'érudition ont besoin d'être fécondées par le génie du style. Il écrit avec clarté, avec précision, avec force, et souvent à la correction de l'écrivain il unit la vivacité de l'improvisateur.... »

« Ces qualités, révélées avec tant d'éclat dès le commencement de la publication, ne font que se développer à mesure qu'elle avance. « Lors de l'apparition des deux premiers volumes, M. Laboulaye disait : « Que M. Demolombe continue comme il a commencé, « et nous lui prédisons un grand et légitime succès. » Depuis 1845, M. Demolombe, sans se laisser arrêter par les obstacles, a publié dix volumes ; et aujourd'hui la prédiction de notre honorable collaborateur est réalisée.

« M. Demolombe n'est point de ces savants de la veille, qui ont hâte de mettre en œuvre leurs récentes conquêtes, et de faire croire à l'étendue de leur érudition par le nombre et le luxe des citations ; dès longtemps il a fait ample provision de science, réuni et préparé ses matériaux. C'est dans ses sources qu'il a étudié la loi ; il connaît et cite toujours à propos les dispositions de la loi romaine, de notre ancien droit français, et tous les documents qui ont servi à la confection du Code civil. Lorsque M. Demolombe s'attaque à un adversaire, il est facile de reconnaître un jouteur exercé, auquel sont familières toutes les ressources de la dialectique.... »

DE ROSIÈRE. Formules wisigothiques inédites, publiées d'après un manuscrit de Madrid. 1854, in-8.   3 fr.

— Formules inédites, publiées d'après un manuscrit de la bibliothèque de Strasbourg. 1851, in-8.   2 fr.

— Formules inédites, publiées d'après un manuscrit de la bibliothèque de Saint-Gall. 1853, in-8.   2 fr.

— Cartulaire de l'église du Saint-Sépulcre de Jérusalem, publié d'après les manuscrits de la bibliothèque vaticane. 1849, in-4.   15 fr.

DUBARRY. Nouveau manuel des gardes champêtres communaux et particuliers, des gardes forestiers de l'Etat, des communes et des gardes-pêches et rivières, etc. 1855, in-12.   3 fr. 50

DUBOYS (Al.), ancien magistrat. Histoire du Droit criminel des peuples anciens, depuis la formation des sociétés jusqu'à l'établissement du christianisme. 1845, in-8.   7 fr. 50

— Histoire du Droit criminel des peuples modernes, considéré dans ses rapports avec les progrès de la civilisation, depuis la chute de l'empire romain jusqu'au dix-neuvième siècle. In-8. 1854.   7 fr. 50

Ces ouvrages sont le fruit de recherches et de méditations longues et consciencieuses ; ils seront consultés avec avantage par toutes les personnes qui s'occupent de droit pénal et de procédure criminelle, soit en théorie, soit en pratique.

DUFRESNE. Traité de la Séparation des Patrimoines, suivant les principes du droit romain et du Code civil, et la jurisprudence. 1 vol. in-8.   6 fr.

DUPIN. *Opuscules de Jurisprudence*, contenant : I. Profession d'avocat. — II. Bibliothèque choisie à l'usage des étudiants en droit et des jeunes avocats. — III. Réflexions sur l'enseignement et l'étude du droit. — IV. Précis historique du Droit romain. — V. Précis historique du Droit français, avec la continuation depuis 1674 jusqu'en 1843. — VI. Aphorismes de Bacon. — VII. Prolegomena Juris, ad usum scholæ et fori. — VIII. Notions élémentaires sur la justice, le droit et les lois. — IX. Des Magistrats. — X. De la Jurisprudence des arrêts. — XI. Libre défense des accusés. — XII. De l'Improvisation. — XIII. Biographie des magistrats et jurisconsultes. — XIV. Vocabulaire des Termes de droit. — XV. Catalogue des Ouvrages de M. Dupin, 1851, gr. in-18.   5 fr.

En réunissant ces divers écrits, dont la plupart étaient épuisés, M. Dupin a rendu un service signalé aux étudiants ; ce recueil contient les préliminaires indispensables à l'étude de la science du Droit, ainsi que les règles et devoirs de la profession d'avocat.

EMION (Victor). Législation, jurisprudence et usages du commerce des céréales. 1855, in-8.   7 fr. 50

ÉTUDE DE LÉGISLATION PÉNALE COMPARÉE. Code français de 1810, avec les motifs, les discussions au Conseil d'Etat, et les dispositions correspondantes des Codes de 1791 et de l'an IV, Code révisé de 1832, Projet belge de 1833, et observations de M. Haus sur ce projet. Nouveau Code des Pays-Bas. — Nouveaux Codes d'Allemagne. — Codes de Sardaigne et du royaume des Deux-Siciles. 1852, gr. in-8 à 2 colonnes, de 900 pag.   22 fr.

Complément nécess. de la théorie du Code pénal, par MM. Faustin-Hélie et Chauveau.

FAVARD DE LANGLADE. (*V.* Motifs.)

FERRAUD-GIRAUD, conseiller. Servitudes de voirie (voies de [illegible]
2 vol. in-8.

— † Des dommages occasionnés à la propriété privée par [illegible] publics. 1851, in-8.

— † Législation des chemins de fer par rapport aux propriétés [illegible]
1855, in-8.

†**FILON.** Histoire de la Démocratie athénienne. 1854, in-8.

FIX. Observations sur l'état des Classes ouvrières. 1846, in-8.

† **FŒLIX.** Des Lettres de change et Billets à ordre d'Angleterre [illegible]
d'Irlande. 1835, br. in-8.

FREMY-LIGNEVILLE. Dictionnaire général des Actes sous [illegible]
Conventions verbales en matière civile, commerciale et admin[istrative]
1850, 2 vol. in-8.

Ce Dictionnaire contient, sous chaque mot, les règles du droit et de la [illegible] concernant les actes et écrits sous seing privé, leur nature, leur forme, leur nullité, leurs effets et leur mise à exécution, l'indication du papier [à em]ployer, le coût de l'enregistrement de tous les actes et de formule[s] complètes. On y traite aussi des conventions purement verbales de leur [illegible] valeur, de leurs effets et de leurs moyens de preuve. Une division par [illegible] table alphabétique en tête de chaque mot, une table à la fin de chaque vol[ume] le moyen de trouver à l'instant la notion dont on a besoin. Cet ouvrage [illegible] utilité pratique pour tous les hommes de loi, *les avocats, notaires, avoué[s]* *huissiers, agents d'affaires, commerçants,* et toutes les personnes qui [illegible] leurs affaires ou de celles des autres.

FREVILLE. La Police des Livres, au XVIᵉ siècle (1548-1549). [illegible]

†**GABRIEL.** Essai sur la nature des Preuves, édition revue par [illegible]
in-8.

GAND. Code des Etrangers, ou état civil et politique, en France [illegible]
de tout rang et de toutes conditions, etc. 1853, in-8.

GARDEN (comte de). Histoire générale des Traités de Paix et au[tres conven]tions principales entre toutes les puissances, depuis la paix [illegible]
lie, ouvrage comprenant les travaux de Koch, Schœll, etc. [illegible]
20 vol. in-8 (14 sont en vente); prix du vol.

GAUDRY, ancien bâtonnier. Traité de la Législation des Cultes, [illegible] lement du culte catholique, ou de l'origine, du développement [illegible] actuel du droit ecclésiastique en France. 3 vol. in-8.

Cet ouvrage est le fruit des travaux et de la longue expérience d'un [juriscon]sulte, qui occupe depuis plus de trente années un rang distingué dans le bar[reau], été en même temps conseil de grands établissements civils et ecclésiastiques [illegible] appelé à traiter un grand nombre de questions qui se rattachent au Droit [illegible]. Son ouvrage est le résultat de ses études et des méditations et des discussion[s] il a pris part, soit dans les conseils du clergé, soit devant les tribunaux civils [illegible] les recueils périodiques traitant de la législation des cultes et de l'admin[istration tem]porelle des paroisses. Un tel livre manquait à la science; nous le croyons [illegible] prendre place dans l'enseignement, et un rang honorable dans la bibliothèque [des ecclé]siastiques et des jurisconsultes.

GENTY. Traité des Partages d'ascendants, précédé d'une introduction [histo]rique sur la matière correspondante, tant dans le droit romain que [dans] l'ancien droit français. 1849, in-8.

— Traité des Droits d'usufruit, d'usage et d'habitation, d'après la doctrine [illegible]
1854. 1 vol. in-8.

Dans cet ouvrage, l'auteur a fait entrer l'explication, non-seulement des textes [illegible] dans les huit titres du livre VII du Digeste, qui se réfèrent spécialement à son [sujet, mais] encore d'un grand nombre d'autres textes, tirés soit des autres parties du *Corpus juris,* soit des découvertes récentes, notamment des fragments du Vatican. Par là, ce traité est le plus complet de tous ceux qui ont paru jusqu'à ce jour sur la matière. — L'auteur a d'ailleurs mis tous ses soins à l'examen des difficultés et questions (et elles sont en très-grand nombre), qui trouvent leur application en droit français.

GEOFFROY. Code pratique des Faillites. 1853, in-8.

Ce livre n'a d'autre but que d'initier dans les connaissances pratiques les personnes qui ont intérêt aux faillites, soit comme jurisconsultes, soit comme syndics, soit comme comme créanciers ou débiteurs; cet ouvrage est donc tout à la fois pratique et théori-que; il est d'une utilité incontestable pour toutes les personnes qui s'occupent des fail-lites, ou qui y ont un intérêt quelconque; les juges de commerce, les syndics y trouveront, selon leurs attributions respectives, une bonne et prompte direction, c'est-à-dire la procédure la plus simple et la moins coûteuse; les commerçants y puiseront aussi les renseignements qu'ils ont besoin de connaître pour suivre eux-mêmes leurs intérêts, dans ces sortes d'affaires; enfin, on y trouve un formulaire contenant des mo-dèles simples et clairs.

† **GERARD DE RAYNEVAL.** Institution du droit de la Nature et des Gens.
1851. 2 vol. in-8.   12 fr.

Plusieurs changements et de nombreuses additions ont été faits, dans cette nouvelle édition, particulièrement dans le chapitre consacré à la difficile question de la mer et du droit maritime. Avec ces améliorations, cet ouvrage peut être recommandé à tous ceux qui veulent étudier le droit de la nature et des gens, d'autant plus que les ouvrages élémentaires sur cette partie du droit remontent déjà à une époque reculée.

GIBELIN (E.). Etudes sur le Droit civil des Hindous; recherches de législation comparée sur les lois de l'Inde, les lois d'Athènes et de Rome, et les coutumes des Germains. 1846-1847, 2 vol. in-8.   14 fr.

† **GILLET**. Analyse chronologique des Circulaires, instructions et décisions émanées du Ministère de la Justice, depuis le 12 janvier 1791 jusqu'au 1er janvier 1840, suivie d'une table détaillée des matières. In-8.   5 fr.

† **GUILLON et DE VILLEPIN**. Nouveau Code des Chasses, contenant : 1° une instruction historique du droit de chasse ; 2° la loi fondamentale du 3 mai 1844, et les autres lois, décrets, ordonnances et règlements sur la police de la chasse ; 3° les discussions parlementaires qui expliquent les textes ; 4° les circulaires des ministres et directeurs généraux qui s'y rapportent ; 5° la jurispr. des Cours et Tribunaux. 1850, 1 vol. in-18. 3 fr. 50

GINOULHIAC. Histoire du Régime dotal et de la communauté, en France. 1846, in-8.   5 fr.

—Revue bibliographique. Abonnement pour Paris, 3 fr., et l'étranger, 4 fr.

GIRARD. Précis de l'ancien Droit coutumier français. 1852, br. in-8. 3 fr. 50

GOURAUD (Ch.). Essai sur la Liberté du commerce des nations. Examen de la théorie anglaise du Libre échange. 1853, 1 vol. in-8.   5 fr.

—Histoire de la Politique commerciale de la France, et de son influence sur le progrès de la richesse publique, depuis le moyen âge jusqu'à nos jours. 1854. 2 vol. in-8.   12 fr.

M. Ch. Gouraud s'est proposé, dans ce nouvel ouvrage, de vérifier par l'histoire les principes qu'il avait établis par la philosophie et par la controverse, dans son *Essai sur la liberté du commerce des nations*. Après un *Discours préliminaire*, où il a rassemblé les éléments et les conclusions de la saine et vigoureuse doctrine qui a fait la grandeur commerciale de tous les peuples qui l'ont pratiquée, M. Gouraud a représenté, dans une série de neuf livres, consacrés au moyen âge, à la Renaissance, à Henri IV, Richelieu et Mazarin, à Louis XIV, Louis XV, Louis XVI, à la Révolution, au Consulat et à l'Empire, à la Restauration, et enfin à la monarchie de Juillet, les vicissitudes dix fois séculaires de notre politique commerciale nationale. L'histoire seule tient école dans ce vaste et simple récit. On y voit successivement de quel chaos est sortie la fortune économique de la France, comment elle s'est formée, quelles épreuves de tout genre elle a subies, quels milieux elle a traversés, quelles maximes lui ont été tour à tour favorables et contraires, quelle part ont prise à son établissement les gouvernements divers qui, des premiers Capétiens à la maison d'Orléans, se sont succédé sur le sol de notre pays, quelle influence, enfin, a exercée cette politique sur l'indépendance du commerce du globe et sur la marche générale de la civilisation. M. Gouraud a composé son ouvrage sur une masse considérable de documents authentiques, la plupart peu connus, quelques-uns entièrement inédits et fort curieux, qu'on lira pour la première fois dans son ouvrage. Les lecteurs de l'*Essai* retrouveront, dans la nouvelle publication de M. Gouraud, les qualités qui ont fait le succès de son premier ouvrage, unies à l'intérêt toujours jeune qui s'attache, en quelque matière que ce soit, au récit de nos traditions nationales.

—Histoire du Calcul des Probabilités, depuis ses origines jusqu'à nos jours. 1848, 1 vol. gr. in-8.   3 fr.

GRELLET-DUMAZEAU. Traité de la Diffamation, de l'Injure et de l'Outrage. 1847, 2 vol. in-8.   12 fr.

—Le Barreau romain. Recherches et études sur le Barreau de Rome, depuis son origine jusqu'à Justinien, et particulièrement du temps de Cicéron. 1851, in-8.   7 fr. 50

Ce ne sont pas seulement des recherches historiques sur quelques points de l'histoire du barreau à Rome, mais c'est une véritable histoire qu'a composée M. Grellet-Dumazeau. Il est facile de s'en convaincre en parcourant la table des matières : l'auteur n'a rien négligé ni rien omis de ce qui se rattache à son sujet. Il étudie successivement les origines du barreau romain, l'importance de la parole chez les Romains, les dénominations diverses des avocats, les avocats comme corporation, les personnes auxquelles la plaidoirie était interdite, les conditions d'admission, les études préparatoires, la discipline, les privilèges, le costume et les honoraires des avocats, les lieux et jours de plaidoiries, l'avocat à l'audience, l'érudition et l'esprit de l'avocat, sa liberté de parole, les rapports des avocats entre eux, le style du barreau et l'influence de la philosophie sur le barreau. Cette monographie historique, consciencieusement éditée d'après les textes mêmes, complète l'histoire du droit et de la civilisation romaine ; elle sera lue et consultée avec intérêt et profit par tous ceux qui s'occupent d'études juridiques.

† **GRUN**. Les Etats provinciaux, sous Louis XIV. 1853, in-18.   1 fr.

Sous ce titre, l'auteur a étudié l'histoire des Etats provinciaux dans une de leurs périodes les plus intéressantes, et cette étude il l'a faite dans les documents authentiques de cette époque, rapports, correspondances des ministres..... On y voit mis en œuvre tous les ressorts d'une administration intelligente, pour venir à bout de certaines résistances impossibles.

HAENEL. Codices Gregorianus, Hermogenianus, Theodosianus. 1841.
2 vol. in-4.

HAUTEFEUILLE. Des droits et des devoirs des nations neutres, en temps de
guerre maritime. 4 vol. in-8.
Cet ouvrage, précédé d'un discours préliminaire, véritable abrégé de l'histoire du
droit international maritime, traite à fond toutes les questions générales de la navigation des peuples, et toutes les questions sur les droits d'asile et de contrebande de guerre, la propriété ennemie sur les navires neutres, la saisie des bâtiments neutres, etc., etc. C'est le traité le plus complet et le plus important qui
ait été fait jusqu'à ce jour sur cette importante et difficile matière.

†**HAUTHUILLE** (D'). De la révision du régime hypothécaire. 1848, in-8.

HEINECCIUS. Recitationes in Elementa juris civilis, secundum ordinem Institutionum, edente J.-J. Dupin, 1810. 2 vol. in-8.

HELLO. Du Régime constitutionnel, dans ses rapports avec l'état actuel de la
science sociale et politique. 3e édit. 1848, 2 vol. in-8.

† **HOMMELII** (C. Fr.) Palingenesia librorum Juris veterum, sive eorum loca integra, ad modum indicis Labiti et Wielingi oculis exposita, ad
exemplar Taurellii Florentino accurantissime descripta. Lipsiæ, in-8.

†**HUMBERT.** Des Conséquences des condamnations pénales, relativement
à la capacité des personnes en droit romain et en droit français. Mémoire
qui a obtenu le premier prix de doctorat dans le concours de 1854, à la
Faculté de droit de Paris, suivi d'un commentaire de la loi portant abolition de la mort civile, etc., in-8.
Cet ouvrage contient une analyse développée des lois nouvelles sur la Déportation, la
Réhabilitation ; de plus il est le premier qui ait traité de l'Abolition de la mort civile. La
loi rendue sur cette matière en 1854, y est l'objet d'un Commentaire étendu où sont exposées et discutées pour la première fois les questions graves et délicates que soulèvent
les art. 3, 5 et 6 de cette loi. Ce livre est donc indispensable aux jurisconsultes qui veulent se tenir au courant des modifications apportées, dans ces dernières temps, à la législation qui régit la capacité civile des condamnés en matière criminelle ou correctionnelle.

† **KANT.** Eléments métaphysiques de la doctrine du Droit, suivis du Projet
de paix perpétuelle, trad. par Barni, agrégé. 1854, 1 fort vol. in-8.
Ce nouveau fragment du travail de traduction littérale et d'interprétation
que M. J. Barni a entrepris sur les Œuvres de Kant atteste une louable persévérance
à remplir la tâche qu'il s'est imposée au profit de la science philosophique, avec le
bienveillant appui de l'Académie française. La philosophie n'est que de nos jours
guère une voix éloquente. De quel jour date donc la science du Droit naturel, et de
notre société a-t-elle commencé à la prendre pour modèle ? L'ouvrage de
M. Barni publie la traduction et le commentaire, est contemporain de cette grande
époque ; il en respire l'esprit, il en reproduit les principes, il est la philosophie des
principes.—Cette traduction, outre l'éternel intérêt d'un tel monument, a donc un
à-propos.
A la suite des Éléments métaphysiques de la doctrine du Droit, le traducteur a joint
les Opuscules de Kant qui ont trait au Droit naturel ; de telle sorte que le lecteur a sous
les yeux tout l'ensemble des écrits que ce grand penseur nous a laissés sur cette branche
de la philosophie ; et ces opuscules, M. Barni a eu soin de les rapprocher dans une notice
critique très-développée (180 p.), aussi bien que dans sa traduction du grand ouvrage
de Kant sur le Droit.

KŒNIGSWARTER. Sources et monuments du Droit français, antérieurs au
quinzième siècle, ou Bibliothèque de l'histoire du droit civil français, depuis les premières origines jusqu'à la rédaction officielle des Coutumes.
1853, in-18.

— Histoire de l'Organisation de la Famille, en France, depuis les temps les
plus reculés jusqu'à nos jours. 1851, in-8.

KUHLMANN. De la Réserve légale en matière de succession. 1846, in-8.

LABOULAYE. Histoire de la Procédure civile, chez les Romains, traduit de
l'allemand. 1841, in-8.

— Essai sur les Lois criminelles des Romains, concernant la Responsabilité
des magistrats. 1845, in-8.

—Histoire des Institutions civiles et polit. aux Etats-Unis, in-8. (Sous presse.)

†— Le grand Coustumier de Charles VI. (Sous presse.)

† — Flores Juris antejustinianei. 1 vol. in-32.
Ce petit volume contient Gaius, Ulpien, Fragmenta vaticana, etc.

— Justiniani Institutionum libri IV. 1854, 1 vol. in-32.
Le texte est celui de la célèbre édition donnée par M. Schrader, et résulte de la comparaison patiente de tous les manuscrits et de toutes les éditions connus ; on y joint
les variantes principales de l'édition de Cujas.

—Juris civilis Promptuarium ad usum prælectionum. 1 gros vol. in-32. 3 fr.
Dans ce volume sont compris les deux ouvrages précédents.

† **LACAN** et **PAULMIER.** Traité de la Législation et de la Jurisprudence des
Théâtres, précédé d'une introduction, et contenant l'analyse raisonnée des

droits et obligations des directeurs de théâtres vis-à-vis de l'administration ; avec un appendice sur la propriété des ouvrages dramatiques, et la collection des lois, décrets, ordonnances, avis du Conseil d'Etat, arrêtés et ordonnances de police, concernant les Théâtres. 1853, 2 vol. in-8. 14 fr.

L'utilité d'un nouveau commentaire sur la législation et la jurisprudence des théâtres était depuis longtemps signalée. Les deux seuls ouvrages publiés par MM. Vulpian et Gauthier, par MM. Vivien et Ed. Blanc, datent de vingt-quatre ans. Depuis la jurisprudence a marché, la législation elle-même a subi d'importantes modifications ; il devenait nécessaire de résumer les éléments épars de cette jurisprudence, de mettre en lumière les principes qui en ressortissaient, et de rapprocher ceux qui pouvaient avoir été méconnus. Telle est la tâche que les auteurs ont amplement remplie, en réunissant tous les documents que fournit la jurisprudence.

L'ouvrage est précédé d'une introduction, destinée à placer sous les yeux du lecteur l'histoire des origines du théâtre ; les auteurs ont ajouté à cet ouvrage un appendice sur la propriété des œuvres dramatiques ; enfin, les lois, décrets et ordonnances concernant les théâtres en général, et en particulier le Théâtre-Français, l'Opéra et le Conservatoire, etc., complément nécessaire. En résumé, les auteurs se sont proposé de faire un livre utile et pratique, de présenter l'ensemble de la législation et de la jurisprudence.

LAGRANGE. Manuel du Droit romain, ou Explication sur les Institutes de Justinien, par demandes et réponses, 6e édit. 1854, in-12. 6 fr.

LAURENT. Histoire du Droit des Gens et des relations internationales (l'Orient, la Grèce, Rome). 1850, 3 vol. in-8. 24 fr.

Sous ce titre, l'auteur a fait une véritable histoire de la civilisation et de la communication des peuples ; il a étudié et mis à contribution, pour cette histoire, les travaux les plus récents publiés en France et en Allemagne.

Les trois volumes embrassent toute l'antiquité, l'Orient, l'Inde, l'Égypte, les Hébreux, la Grèce, Rome, c'est-à-dire le berceau de la civilisation antique et les lieux où elle se développa et se manifesta avec le plus d'éclat. Religion, philosophie, poésie, histoire des peuples, tout cela est exposé dans ce livre, où l'auteur a voulu prouver, par l'histoire, que l'humanité marche vers l'association et la paix.

LAYA, avocat. Lois romaines, sous la république (A. R. 1 à 723.—Av. J.-C. 753-31). 1854, 1 vol. grand in-8. 4 fr.

LEGENTIL. Traité historique, théorique et pratique de la Législation des Portions communales ou ménagères, contenant l'édit de 1769, pour les Trois-Évêchés; 1774, pour la Bourgogne; 1779, pour l'Artois; etc. 1 vol. in-8. 8 fr.

— Dissertations juridiques sur quelques-uns des points les moins éclaircis ou les plus controversés en doctrine et en jurisprudence. 1855, 1 vol. in-8. 7 fr.

— Étude sur les éliminations de témoins (exclusions, reproches), solution de la question de savoir si les dispositions de l'article 283 du Code de procédure sont rigoureusement limitatives et impératives ou simplement facultatives et énonciatives; examen de la matière sous les législations juive, grecque, romaine et barbare, etc. Paris, Durand, in-8. 2 fr.

— Examen et solution du point de savoir quelle peut être la partie du décret de décentralisation administrative sur les législations des portions communales ou ménagères. Paris, Durand, in-8. 1 fr. 50

LE MIR. Traité de la prisée et de la vente aux enchères de meubles et de marchandises, commentaire de la loi sur la vente publique volontaire de fruits et récoltes pendants par racines, etc. 1855, 2 vol. in-8. 12 fr.

LELUT, membre de l'Institut. Mémoire sur la déportation, suivi de considérations sur l'emprisonnement cellulaire. 1853, br. in-8. 1 fr. 50

— Lettre à M*** sur l'emprisonnement cellulaire ou individuel. 1855. Br. in-8. 50 c.

LERMINIER. Histoire des Législations et des Constitutions de la Grèce antique. 1852, 2 vol. in-8. 10 fr.

†**LESUR** et **FOUQUIER.** Annuaire historique, avec un appendice contenant les actes publics, traités, notes diplomatiques, tableaux statistiques, financiers, administratifs et judiciaires, documents historiques, officiels et non officiels, et un article *Variétés*, renfermant des chroniques des événements remarquables, des travaux publics, des lettres, des sciences et des arts, et des notices bibliographiques et nécrologiques. 1818 à 1843 compris, 25 gros volumes in-8. 150 fr.

†**LEZARDIÈRE.** Théorie des Lois politiques de la monarchie française. 1844, 4 vol. in-8. 20 fr.

LIEGEARD (Step.). De l'origine, de l'esprit et des cas d'application de la maxime « le partage est déclaratif de propriété. » (Mémoire couronné à la Faculté de droit de Dijon, le 15 novembre 1854), in-8. 1854. Dijon, Fleuchot. Paris, Durand. 4 fr.

LINSTANT (A.). Recueil général des Lois et actes du gouvernement [...]
depuis la déclaration de son indépendance jusqu'à nos jours [...]
1808). 1851, in-8.

†**LOCRÉ**. Législation civile, commerciale et criminelle de la Fran[ce ...]
mentaire et complément des cinq Codes français, tirés, savo[ir]

Le Complément, de la conférence, avec le texte des Codes [...]
procès-verbaux, *en partie inédits*, du Conseil d'État, qui [...]
discussion du *Code civil*; des procès-verbaux, *entièrement* [...]
discussion du *Code de commerce*, du *Code de procédure*, du *Co[de]*
tion criminelle et du *Code pénal*; des observations, *également* [...]
section de législation du Tribunat sur les projets des [...]
Codes, et de celles des commissions du Corps législatif sur [...]
niers; enfin, des exposés de motifs, rapports et discours fait[s ...]
tant dans l'assemblée générale du Tribunat que devant le Cor[ps]

Le Complément des lois antérieures auxquelles les Codes se réfèr[ent ...]
postérieures qui les étendent, les modifient; des discussions [...]
sont le résultat; des ordonnances, décrets, avis du Conseil [...]
du pouvoir exécutif et réglementaire, destinés à en procurer l'e[...]

Le tout précédé de Prolégomènes, où l'on expose, dans une pre[mière ...]
mode de porter la loi qui était en usage lors de la confection [...]
quels travaux préparatoires il a produits; où, dans une seque[lle ...]
l'histoire générale de chaque Code. 1826-1831, 31 vol. in-8. (Épu[isé])

On vend séparément :

†— Le Code civil, 16 vol.
†— Le Code de commerce, 4 vol.
†— Le Code de procédure, 3 vol.

LOIS, décrets et règlements relatifs à l'administration des Cul[tes ...]
2 décembre 1851 jusqu'au 1er janvier 1854, par MM. Hipp[olyte ...]
de bureau à l'administration des Cultes, et Adolphe Tard[if ...]
droit, avocat à la Cour impériale, sous-chef au cabinet du mi[nistre de l'in-]
struction publique et des cultes. Paris, 1 vol. in-8.

†**LOYSEL**. Institutes coutumières, ou Manuel de plusieurs et div[erses]
sentences et proverbes, tant anciens que modernes, du droit [...]
plus ordinaire de la France, avec notes d'Eusèbe de Laur[ière ...]
édition, revue, corrigée et augmentée, suivie d'un Glossaire du [...]
par MM. Dupin et Laboulaye, membres de l'Institut. 1846, 2 v[ol.]

MM. Dupin et Laboulaye ont rendu un très-grand service à l'étude et [...]
droit, en publiant une nouvelle édition d'un ouvrage devenu très-rare [...]
négligé, du reste, pour faire de ce livre un véritable manuel du droit [...]
nouvelles notes, des maximes tirées du droit germanique, un glossaire de [...]
çais, disposé non-seulement pour l'intelligence du présent livre, mais [...]
mier en général, forment le principal travail dû à leurs efforts commun[s ...]
cieux. M. Dupin a donné particulièrement une introduction historique, [...]
vif et plein de verve qu'on lui connaît.

« Avec les *Règles* de Loysel, escortées de toutes les autorités qui montre[nt ...]
la source d'où elles procèdent, il est donc vrai de dire que l'on a *l'histoi[re ...]
surée de notre ancien droit français*, non pas l'histoire *politique* ni l'histoi[re ...]
ou celle des *magistratures* (celle-là est encore à faire), mais on a *l'histoire du* [...]
sitif. Ce n'est pas de la théorie, de la divination, de la conjecture, c'est [...]
même, tel que nos pères l'ont connu et pratiqué. »

Cette nouvelle édition est précédée d'une introduction, d'une vie d'Antoine Lo[ysel ...]
éloge historique d'Eusèbe de Laurière, d'une liste des auteurs et jurisconsul[tes ...]
les *Institutes coutumières*, des *Libertés de l'Eglise gallicane*, rédigées en qu[atre cent]
trois articles par Pierre Pithou, en 1593, et d'une table des matières.

— Glossaire de l'ancien droit français, contenant l'explication de mo[ts ...]
lis ou hors d'usage qu'on trouve ordinairement dans les Coutu[mes ...]
ordonnances de notre ancienne jurisprudence. 1846, 1 vol. in-12 (extrait
de l'ouvrage précédent).

†**MACAREL**. Eléments de Droit politique. 1833, in-12.

MACE. Des Lois Agraires, chez les Romains. 1846, in-8.

MACKELDEY. Manuel du Droit romain, contenant la théorie des In[stitutes ...]
précédé d'une introduction à l'étude du Droit romain, traduit d[e l'alle-]
mand, par Beving. 1852, 1 vol. gr. in-8.

†**MAGNIN**. Traité des Minorités et Curatelles. 1842, 2 vol. in-8.

†**MAILHER DE CHASSAT**. Traité de la Rétroactivité des lois, ou Comme[n-]
taire approfondi du Code civil. 1845, 2 vol. in-8.

Cet ouvrage est, sans contredit, le commentaire le plus étendu qui ait été composé
sur les art. 1 et 2 du Code civil. Il n'est aucune des matières auxquelles se rattache la
rétroactivité et des nombreuses et délicates questions qu'elle fait naître qui n'y soit
examinée et résolue. La jurisprudence y occupe aussi une large place. C'est là un de

ces travaux que les personnes qui s'occupent de ces matières doivent nécessairement consulter.

† — Traité de l'Interprétation des lois. Nouv. édit. 1845, in-8.   5 fr.

Publié en 1822, cet ouvrage a été augmenté de plusieurs suppléments. Il forme un traité méthodique complet, accompagné des principales règles d'interprétation, extraites soit des lois romaines, soit des ouvrages des jurisconsultes depuis la renaissance du droit romain.

MALABERT. Essai sur la Distinction des Biens. 1844, 1 vol. in-8.   3 fr. 50.

MARCEL. Du Régime dotal et de la nécessité d'une réforme. 1842, in-8. 2 fr.

MARNIER. Assises et arrêts de l'Echiquier de la Normandie, au treizième siècle (1207 à 1245), avec une lettre de M. Pardessus à l'auteur. 1839, in-8. 5 fr.

† — Conseil de Pierre de Fontaines, ou Traité de l'ancienne jurisprudence française. Nouvelle édit., publiée d'après un manuscrit du treizième siècle, appartenant à la bibliothéque de Troyes, avec notes explicatives du texte et des variantes tirées des manuscrits de la Bibliothèque royale. 1846, 1 gros vol. in-8.   8 fr.

Ouvrage indispensable aux personnes qui s'occupent de l'histoire du droit français du moyen âge. M. Marnier a mis en tête de son excellent travail la Vie de Pierre de Fontaines et quelques notices sur la féodalité des lois romaines, sur les coutumiers au moyen âge, et en particulier sur les manuscrits du *Conseil*, avec une table des principales abréviations qui s'y rencontrent. Ce travail permet d'apprécier en connaissance de cause la critique dont M. Marnier a fait preuve dans l'établissement de son texte.

— Anciens Usages inédits d'Anjou, publiés d'après un manuscrit du treizième siècle. 1853, br. in-8.   1 fr. 50

MARTENS (G.-F. de). Recueil de Traités de Paix, d'alliances, de trêves, de neutralité, de commerce, des limites, d'échange, etc., et de plusieurs autres actes, servant à la connaissance des relations étrangères des puissances de l'Europe, depuis 1761 jusqu'à présent. 1854, 44 vol. in-8.   345 fr.

Cet ouvrage est ainsi divisé :

Traités de paix, t. 1 à 9. 1817-1835.

Nouveau Recueil, par Martens, Saafeld, t. 1 à 16, en 19 parties. 1817-1843.

Nouveau supplément, par Murhard, t. 1 à 3. 1839-1842.

Table des vingt-quatre premiers volumes. 1837-1843.

Nouveau Recueil général, par Murhard, t. 1 à 12. 1842-1854.

Chaque volume se vend séparément.   15 fr.

MASSÉ. Le Droit commercial, dans ses rapports avec le Droit civil et le Droit des gens. 6 vol. in-8. (*V.* Zachariæ.)   45 fr.

MÉAUME. Des Droits d'Usage dans les forêts, etc. 1851, 2 vol. in-8. 12 fr.

Plus à même que personne, par sa position, de traiter les nombreuses et difficiles questions qui se rattachent à cette matière, l'auteur a fait un ouvrage qui convient à la fois aux jurisconsultes, aux maires des communes des pays boisés et aux propriétaires des forêts.

MÉNERVILLE. Dictionnaire de la Législation algérienne, manuel raisonné des lois, ordonnances, décrets, décisions et arrêtés publiés au bulletin des actes du gouvernement (du 5 juillet 1830 au 1er août 1853). 1853, gr. in-8 à deux colonnes.   15 fr.

MÉPLAIN. Traité du bail à portion de fruits, ou Colonage partiaire. 1850, in-8.   5 fr.

† MERLIN. Répertoire universel et raisonné de Jurisprudence, 5e édit. 1827-1828; 18 vol. in-4, ou 36 vol. gr. in-8. — Recueil alphabétique des Questions de droit. 4e édit. 8 vol. in-4, ou 16 vol. gr. in-8.   250 fr.

MILTITZ. Manuel des Consuls. 1837-1843, 2 tom. divisés en 5 vol. in-8. 50 fr.

Ce livre est terminé par la table alphabétique des auteurs cités, avec le titre entier de leurs ouvrages.

MIROIR et JOURDAN. Formulaire municipal, contenant l'analyse, par ordre alphabétique, de toutes les matières qui sont du ressort d'une administration municipale. 2e édit. 1844-1846, 6 vol. in-8.   54 fr.

— Répertoire administratif, journal complémentaire du formulaire municipal; années 1844 à 1854, 9 vol. in-8.   60 fr.

—*Abonnement annuel.*   8 fr.

MOLITOR. Cours de Droit romain approfondi, avec les rapports entre la législation romaine et la législation française; *Traité des Obligations.* 1850-1853, 3 vol. in-8.   24 fr.

— Traité de la Possession, de la Revendication. 1851, in-8.   8 fr.

Il ne saurait y avoir de moment plus opportun pour annoncer un Cours approfondi de droit romain, et surtout un Traité des obligations, que le moment actuel, où l'enseignement de ce droit vient d'être étendu et renforcé, et où le programme des nouveaux cours indique la matière des obligations comme devant en faire d'abord le sujet; aussi cet ouvrage de M. Molitor est-il appelé à recevoir un accueil favorable de tous ceux qui s'occupent de jurisprudence.

MOLLOT. De la Compétence des conseils de Prud'hommes, 1842, in-
† **MORIN**. Répertoire général et raisonné du Droit criminel, où son
   diquement exposées la législation, la doctrine et la jurisprudence
   2 vol. gr. in-8.
Cet ouvrage est incontestablement le traité le plus complet ; c'est même la monographie moderne sur la matière si importante et si usuelle des preuves. Il a
les suffrages des hommes les plus considérables dans la science du droit, sans
exception, et il en donne l'explication méthodique, depuis les sources jusqu'aux
monuments de la jurisprudence.
C'est aussi, de tous les travaux de l'auteur, celui qui est le plus remarquable par
l'érudition, la profondeur des vues, la clarté des déductions, la méthode dans l'exposition. Tel est le jugement qu'en ont porté tous les jurisconsultes qui ont eu
M. NICIAS GAILLARD, premier avocat-général à la Cour de cassation, a dit :
« M. Morin est l'un des hommes de notre temps qui se sont le plus occupés du droit
criminel... Il connaît fort bien, en particulier, la jurisprudence de la chambre criminelle de la Cour de cassation. On pourrait dire que lui-même concourt à cette
jurisprudence, et même doublement : comme avocat, par des discussions pré-
parées avec soin, et dont la confiance publique multiplie pour lui les occasions ; comme
arrêtiste, par les observations, souvent pleines de justesse, dont il accompagne les
décisions qu'il recueille. En 1842, M. Morin a publié un *Dictionnaire du droit criminel*, ouvrage utile, surtout commode, d'un usage facile dans la pratique...
Le *Répertoire* n'est pas simplement une édition nouvelle, plus ou moins
augmentée, du *Dictionnaire*. Les deux ouvrages, dit avec raison M...., ne se
ressemblent que par le format, qui convient à la plupart des bibliothèques...
dre alphabétique des matières, mieux classées d'ailleurs dans le dernier. Celui-ci diffère
de l'autre, par la rédaction, qui est presque entièrement nouvelle, par la méthode,
que je crois meilleure, par l'étendue, qui est moindre. »
MORIN. De la Discipline des Cours et Tribunaux, du Barreau et des corporations des officiers publics. 2 vol. in-8.
MOREL (A.). Etude historique sur les Coutumes de Beauvoisis de
   de Beaumanoir. 1851, in-8.
—Esquisses du droit international public et privé, 6 tableaux in-fol.
MOTIFS, rapports et opinions des orateurs qui ont coopéré à la
   du Code civil, et discussion de ce Code au Conseil d'Etat et au
   rédigés par un magistrat qui a concouru à la confection des Codes
   de Langlade). 4e édition, 1850, 2 vol. grand in-8.
MOURLON. Traité de la Subrogation. 1848, in-8.
† **NADAULT DE BUFFON**. Des Usines sur les cours d'eau. 1852,
   augmenté d'un supplément, 2 vol. in-8.
De toutes les matières administratives, celle des cours d'eau est peut-être la plus
controversée en théorie. L'absence de textes formels et la distinction toujours difficile
à faire de l'intérêt privé et de l'intérêt public expliquent le dissentiment des auteurs
qui ont écrit sur ce sujet. Mais si l'on ferme les livres pour interroger la pratique des
affaires et la jurisprudence des arrêts, les doutes s'éclaircissent, les principes
et les conséquences se déduisent d'elles-mêmes. C'est la méthode que M. N. a
suivie, et c'est ce qui a fait le mérite et le succès de son livre. Dans le supplément
à ce nouveau tirage, et destiné à compléter son œuvre, on trouve deux notices :
redevances à imposer aux concessionnaires et sur la clause de suppression des usines
sans indemnité réintroduite dans tous les règlements d'eau.
NOUGUIER. Des Lettres de Change et des Effets de commerce en général.
   2e édit. 1851, 2 vol. in-8.
Cette deuxième édition contient de nombreuses améliorations. Ainsi l'auteur donne
un sommaire en tête de chacun des chapitres ; il se livre à l'examen critique de toutes
les législations ; il discute le système de la nouvelle loi allemande, qui répond aux
grands principes de notre Code de commerce. Enfin, dans une table analytique dressée
avec le plus grand soin, il résume toutes les matières de ses deux volumes. Les additions sont considérables : données historiques, textes étrangers, questions nouvelles, arrêts récents, etc.
PAIGNON, avocat à la Cour de cassation. Eloquence et Improvisation
   de la parole oratoire. 3e tirage. 1854, in-8.
Un éminent magistrat a caractérisé en quelques mots les qualités de ce livre.
« ouvrage, dit M. Dupin, n'est pas une rhétorique, c'est un livre écrit avec le sentiment
« de l'amour de l'art. » La première édition avait été publiée en 1846, sous le pseudo-
nyme de Gorgias, l'un des plus célèbres orateurs de l'antiquité, créateur de l'éloquence
parlée. En se couvrant d'un voile, M. Paignon laissait ainsi à la critique et à l'opinion
publique une entière liberté, ou d'assurer le succès de son livre, ou de le laisser dans l'ou-
bli. La critique a fait avec bienveillance à l'auteur le reproche de n'avoir pas hautement
avoué son œuvre ; il a dû céder et révéler son nom. Les bornes de cet extrait ne permet-
tent pas de faire connaître avec quelle ampleur les traditions de l'éloquence et de l'improvisation ont été reproduites depuis les temps anciens jusqu'à nos jours dans cet ouvrage, divisé en neuf livres, traitant de toutes les parties de l'art oratoire.
PAIGNON. Théorie légale des opérations de banque, ou Droits et Devoirs des
   banquiers en matière de commerce et d'argent. 1854, in-8.   7 fr. 50
— Traité juridique de la construction, de l'exploitation et de la police des
   chemins de fer. 1853, in-12.   5 fr.

PALIERNE DE LA HAUDUSSAIS. Manuel de l'aspirant au Surnumérariat dans l'administration de l'Enregistrement et des domaines, suivi du tarif des droits et amendes d'enregistrement, de timbre, etc., et d'un dictionnaire des termes de droit. 2ᵉ édit. 1852, in-8. 4 fr. —Par la poste. 4 fr. 85

†**PARDESSUS.** Loi salique, ou Recueil contenant les anciennes rédactions de cette loi et le texte connu sous le nom de *Lex emendata*. 1843, in-4.   25 fr.

Ce volume commence par une préface de 80 pages, contenant la description de toutes les éditions et de tous les manuscrits connus de la loi salique ; il est composé de huit textes différents, d'après les manuscrits, avec variantes ; quarante titres qu'on ne trouve point dans la *Lex emendata*, d'après le manuscrit 4404 de la Bibliothèque impériale de Paris et le manuscrit 119, in-4, de Leyde ; les prologues, l'épilogue et les récapitulations, d'après divers manuscrits ; un commentaire composé de 824 notes ; quatorze dissertations, dont la première sur les diverses rédactions de la loi salique, et les autres sur les points les plus remarquables du droit privé des Francs sous la première race.

Les dissertations comprennent 309 pages, et sont suivies d'une table alphabétique des matières.

—Collection des Lois maritimes antérieures au dix-huitième siècle. 1828-1845, 6 vol. in-4 (épuisé).   200 fr.

†—Us et Coutumes de la mer, ou Collection des usages maritimes des peuples de l'antiquité et du moyen âge (Reproduction des 14 premiers chapitres de la collection des lois maritimes). 1847, 2 vol. in-4.   25 fr.

L'ouvrage que nous annonçons aujourd'hui sous le titre d'*Us et Coutumes de la mer* reproduit littéralement les quatorze premiers chapitres de la *Collection des Lois maritimes* antérieures au dix-huitième siècle, 6 vol., 1828, 1831, 1834, 1837, 1839, 1845, imprimés à l'Imprimerie royale, auxquels l'auteur joint les additions concernant ces chapitres, qui sont à la suite du tome VI. C'est un devoir de le déclarer, afin que ceux qui possèdent cette Collection ne soient pas induits à faire une acquisition qui deviendrait un double emploi pour eux. L'auteur s'est décidé à cette publication particulière, dans l'intérêt des personnes qui n'ont point acquis la *Collection des Lois maritimes*.

†—Essai historique sur l'Organisation judiciaire et l'administration de la justice, depuis Hugues Capet jusqu'à Louis XII. 1851, gr. in-8.   8 fr.

Dans son grand ouvrage sur la loi Salique, M. Pardessus avait traité de l'administration de la justice sous les rois des deux premières races ; il n'a donc eu qu'à se continuer lui-même, en suivant à travers d'autres siècles la marche des juridictions diverses dont il avait sondé les origines. M. Pardessus conduit cette intéressante histoire jusqu'au règne de Louis XII, époque où s'arrête la collection des ordonnances des rois de France ; ce beau travail sert d'introduction au tome XXI. On ne peut qu'approuver l'idée qu'on a eue de mettre, par une publication séparée, cet ouvrage à la portée du plus grand nombre.

PASQUIER (Etienne). L'interprétation des Institutes de Justinien, avec la Conférence de chaque paragraphe aux ordonnances royaux, arrestz de Parlement et coustumes générales de la France. Ouvrage inédit d'Etienne Pasquier, avocat général du roi en la Chambre des comptes, publié par M. le duc Pasquier, chancelier de France, avec une introduction et des notes de M. Ch. Giraud, membre de l'Académie des sciences morales et politiques. 1847, 1 gros vol. in-4.   15 fr.

†**PELLAT**, doyen de la Faculté de droit. Précis d'un Cours sur l'ensemble du Droit privé des Romains, traduit de l'allemand, de Marezoll. 2ᵉ édit. 1852, in-8.   8 fr.

M. Pellat a rendu un vrai service aux jurisconsultes français, en faisant passer dans notre langue l'ouvrage original de M. Marezoll.

Il a introduit, dans cette deuxième édition de sa traduction française, toutes les additions et tous les changements, et, par suite, toutes les améliorations que l'auteur allemand avait faites à son livre dans quatre éditions successives.

« Nous avons examiné avec soin cette deuxième édition, et nous avons vérifié que, grâce aux modifications et aux perfectionnements qui y ont été apportés, l'auteur en a fait un ouvrage tout nouveau.

« L'ouvrage de M. Marezoll était très-digne d'être l'objet d'un consciencieux travail de traduction : il est du petit nombre des ouvrages de ce genre qui peuvent, sans trop d'efforts, être entendus, indépendamment de l'explication du professeur. Les doctrines en sont généralement exactes, bien liées, présentées avec netteté et précision, et assez exemptes d'idées métaphysiques et systématiques modernes ; le plan simple et régulier ; les divisions, peu multipliées, faciles à suivre et à retenir, etc..... L'ouvrage de M. Marezoll, si fidèlement reproduit par M. Pellat, se recommande aux élèves en droit. » (*Revue critique de Genève.*)

PERRECIOT (J.). De l'Etat civil des Personnes, et de la condition des terres dans les Gaules, dès les temps celtiques jusqu'à la rédaction des Coutumes. Nouv. édit. 1845, 3 vol. in-8.   18 fr.

Cet ouvrage, fruit de profondes méditations et de plus de trente années de recherches, parut pour la première fois en 1786, sans nom d'auteur.

C'est une mine féconde, dans laquelle ont puisé largement nos meilleurs historiens modernes. L'ouvrage est divisé en huit livres : De l'état des personnes et des terres relative-

ment à la liberté, — De la servitude. — De la noblesse,— Des têtes et des [illegible]
— De la mainmorte, — Nos mainmortes descendent de la condition [illegible]
de la mainmorte, — Des aïeux, des lods et du droit de retrait, des fiefs. — D[illegible]
abus de la féodalité.

Au texte sont jointes un grand nombre de pièces justificatives, parmi [illegible]
trouvent de précieux documents historiques.

PÉTIGNY. Etudes sur l'histoire, les lois et les institutions de l'époque mér[o]-
vingienne, 1843-1851, 3 vol. in-8.

La question de l'établissement des Barbares dans les Gaules, à l'exam[en de laquelle]
l'auteur a consacré les deux premiers volumes de cet ouvrage, est une des [plus intéres-]
santes de notre histoire nationale, surtout lorsqu'on l'expose avec cette [?]
profondeur. « M. de Pétigny, disait M. Laboulaye dans un rapport à l'Acad[émie sur cet]
ouvrage, a consacré de longues années de sa vie à l'étude d'un point capital [de l'an-]
cienne histoire. Sur ce point unique, il a accumulé toutes ses études, [?]
science, pour décider enfin, *si en dernier ressort*, une question des plus [?]
plus controversées. Son livre est essentiellement une œuvre d'érudition. » C'est [à la suite]
de ce rapport que l'Académie décerna à l'ouvrage le prix Gobert. Depuis [peu, un]
volume, contenant les lois et les institutions de l'époque mérovingienne, la loi [salique]
notamment, a été ajouté aux deux autres.

† **PETIT.** Traité de l'Usure, commentaire de la loi du 3 septembre [?]
1840, in-8.

PILLOT. Histoire du Parlement de Flandre. 1849, 2 vol. in-8.

PIOGEY. De l'influence des lois de procédure civile sur le crédit [?]
en France. 1855, in-8.

PISTOYE et Cн. **DUVERDY**, avocats. Traité des Prises maritimes, [dans lequel]
on a refondu celui de Valin, en l'appropriant à la législation [?]
2 vol. in-8.

Cet ouvrage contient un grand nombre de décisions inédites de l'ancien [Conseil des]
Prises.

PORT (Célestin), archiviste. Essai sur l'Histoire maritime de Nar[bonne. Mé-]
moire qui a obtenu une médaille d'or au concours des antiquités [natio-]
nales. 1854, in-8.

POTHIER. Pandectæ justinianeæ, cum legibus Codicis et Novellis [quæ]
jus Pandectarum confirmant, explicant aut abrogant. Editio [?]
5 vol. in-4.

PRADIER-FODERÉ. Précis de Droit administratif. 2e édit. 1855, in-8.

RAINGUET. Le Notariat considéré dans ses rapports intimes et [?]
avec la morale. Ouvrage précédé d'un coup d'œil rapide sur [?]
notariale, depuis les temps les plus reculés jusqu'à nos jours. 18[?]
in-8.

REGNARD. De l'Organisation judiciaire de la procédure civile an[?]
1855, in-8.

RÉPERTOIRE DES OUVRAGES DE DROIT, de Législation et de juris-pru-
dence, publiés en France, depuis 1789 jusqu'à la fin de décembre 1853.
Livre indispensable à tout amateur de livres de droit.

RÉPERTOIRE GÉNÉRAL. La loi civile et la loi de l'Enregistrement [compa-]
rées,— doctrine et jurisprudence.— Nouveau dictionnaire des droits d'enregistrement, de transcription, de timbre, de greffe, et contraventions dont
la répression est confiée à l'administration de l'enregistrement. 185[?]
vol. in-4.

—Abonnement au *Répertoire périodique* pour 1855 compris.

—**RÉPERTOIRE GÉNÉRAL DE L'ENREGISTREMENT,** ou Recueil de toutes
les décisions administratives et judiciaires sur l'enregistrement et le [timbre,]
faisant suite au répertoire, in-8. Prix d'abonnement.

REVUE HISTORIQUE de droit français et étranger, publiée sous la direction de MM. Ed. Laboulaye, membre de l'Institut, professeur de législation comparée au Collège de France ; E. de Rozière, ancien professeur à
l'Ecole des chartes ; R. Dareste, avocat au Conseil d'Etat et à la Cour de
cassation ; C. Ginoulhiac, chargé du cours d'histoire de droit à la Faculté
de Toulouse. Prix, Paris, 10 fr.; Départements et Etranger, 12 fr.
Cette revue paraît tous les deux mois.

REVUE BIBLIOGRAPHIQUE et critique du Droit français et étranger, par
une société de jurisconsultes et de savants, sous la direction de M. Charles
Ginoulhiac ; revue paraissant tous les deux mois par livraison d'une
ou deux feuilles in-8. Prix de l'abonnement : pour Paris, 3 fr.; les départements et l'étranger.   4 fr.

† **REVUE ÉTRANGÈRE ET FRANÇAISE** de Législation, de Jurisprudence et d'Économie politique, par une réunion de jurisconsultes et de publicistes, publiée, pour la partie étrangère, par M. Fœlix, pour la partie française, par MM. J.-B. Duvergier, Valette, Laferrière et Bonnier. 1833 à 1849 inclus, 1re et 2e séries, 16 vol. in-8 (épuisé).   150 fr.

— Années 1844 à 1849, 6 vol.   50 fr.

RIVIÈRE (H.-F.). Examen du régime de la Propriété mobilière en France (Mémoire couronné), in-8.   5 fr.

Cet ouvrage a été couronné en 1852 par l'Académie de législation de Toulouse..... « M. Rivière embrasse d'une manière assez complète toutes les parties de son sujet. « Cette composition se recommande par une science incontestable, par une mesure de « sobriété dénotant un esprit attentif et réfléchi : elle contient des aperçus aussi exacts « qu'intéressants ; le style en est généralement simple et facile. » (M. Benech.) Ajoutons que l'auteur, avant de livrer son travail à la publicité, l'a complété par des développements considérables, notamment en ce qui touche la législation commerciale. Ces importantes additions rendront l'ouvrage utile, non-seulement aux économistes, mais aussi à toutes les personnes qui s'occupent de la science du Droit.

ROBERNIER. De la preuve du droit de propriété en fait d'immeubles ; nécessité et moyen d'organiser, selon le même principe, l'abornement invariable et le terrier perpétuel des possessions foncières. 1844, 2 vol. in-8. (V. Delapalud).   15 fr.

RODIÈRE (A.), professeur à la Faculté de droit de Toulouse. De la Solidarité et de l'Indivisibilité en matière civile, matière de procédure, matière criminelle. 1852, 1 vol. in-8.   6 fr.

Les théories de la solidarité et de l'indivisibilité sont certainement les théories les plus difficiles du droit, et leur importance pratique ne saurait plus être contestée ; dans les traités ou commentaires généraux des auteurs, on ne trouve, sur ces matières, que des principes vagues et de rares applications. L'ouvrage de M. Rodière est le seul dans lequel la solidarité et l'indivisibilité sont examinées à tous leurs points de vue, pour les matières civile, commerciale et criminelle ; aussi y trouve-t-on une foule de solutions sur des questions délicates, qu'on chercherait vainement ailleurs.

SACASSE, conseiller. De la folie considérée dans ses rapports avec la capacité civile. 1851, in-8,   4 fr.

SAINT-NEXENT. De la Réforme du Régime hypothécaire. 1845, 1 vol. in-8. 6 f.

— Traité des Faillites et Banqueroutes, d'après la loi du 28 mai 1838. 1844, 3 vol. in-8.   15 fr.

SAVIGNY. Traité de la Possession en droit romain, traduit par Faivre d'Audelange et revu par M. Valette. 1845, in-8.   7 fr.

† **SCHULTING.** Notæ ad Digesta seu Pandectas. Edidit N. Smallemburg, *Lugd. Bat.,* 1804-1836, 8 vol. in-8.   45 fr.

SERRIGNY. Traité de l'Organisation, de la Compétence et de la Procédure en matière contentieuse administrative, dans leurs rapports avec le droit civil. 1842, 2 vol. in-8.   16 fr.

— Traité du Droit public des Français, précédé d'une introduction sur les fondements des sociétés politiques. 1846, 2 vol. in-8.   12 fr.

— Questions et Traités de Droit administratif. 1853, in-8.   8 fr.
Voir Revue bibliographique, nos 6, 7.

† **SIBILE.** Jurisprudence et doctrine en matière d'Abordage, ou Commentaire sur les art. 407, 435 et 436 du Code de commerce. 1853, in-8.   6 fr.
Voir Revue bibliographique. 1853-54, nos 6, 7.

SIMONNET (J.). Histoire et théorie de la Saisine héréditaire, dans les Transmissions de biens par décès. (Monographie couronnée par la Faculté de droit de Paris.) 1851, in-8.   6 fr.

SORBET (S.-P.). Guide des Tribunaux de simple police. 1854, in-8.   4 fr.

— Guide des gardes champêtres ; in-12.   50 c.

TAILLEFER (A.). Des Priviléges sur les meubles. 1852, in-8.   2 fr. 50

TARDIF. (V. Lois.)

TEISSIER. Traité de la Dot, suivant le régime dotal établi par le Code civil, et conférences sur cette matière du nouv. droit avec l'ancien. 2 vol. in-8. 18 fr.

— Questions sur la Dot. 1852, 1 vol. in-8.   5 fr.

TEMPIER. De la Renonciation. 1853, in-8. br.   3 fr.

TILLARD (L.). Des Actes dissolutifs de communauté, ou des Actes de partage et de leurs variétés. 1851, in-8.   6 fr.

† **TREBUTIEN**, professeur. Cours élémentaire du Droit crimi[nel conte]nant l'exposé et le commentaire des deux premiers livres du C[ode], Code d'instruction criminelle en entier, et des lois et décrets qui [ont] modifier ces Codes, jusques et y compris 1853, notamment les [lois de] 1853, sur la composition du jury, du 10 juin, sur les pourvo[is en] criminelle, et sur les attentats contre la Famille impériale, [185]. in-8.

VATEL. Code pénal du royaume de Bavière, traduit de l'allem[and avec] des explications tirées du Commentaire officiel, et un appen[dice renfer]mant : 1° des notes historiques; 2° la traduction d'appréciations [comparatives] du Code de Bavière, par MM. Rorshirt et Mittermaier; 3° et les pr[emières feuilles] du Traité du Droit pénal, par Feurbach, 1852. 1 vol. gr. in-8.

† **VATTEL**. Droit des Gens. Nouvelle édition, suivie d'une biblio[graphie spé]ciale du droit de la nature et des gens, par Hoffmans, et acco[mpagnée] d'un volume de notes et suppléments, par M. S. Pinheiro-Ferre[ira]. 3 vol. in-8.

VERGÉ. Compte rendu des travaux et séances de l'Académie des [sciences] morales et politiques. 1843-1852 (1re, 2e et 3e séries), 22 vol. in[-8]. —4e série. 1853-1854, 8 vol. Prix de chaque année, 20 fr. Prix de l'a[bonne]ment pour 1855, 20 fr. ; pour les départements et l'étranger,

† **VINCENS**. Des Sociétés par actions, des Banques en France. 18[57], in-8.

VINCENT. Etudes sur la loi musulmane. 1842, in-8.

VOET (J.). Commentarius ad Pandectas ; editio nova multis men[dis expur]gata, cui, præter indicem alphabeticum generalem, nunc prim[um] tabula, secundum ordinem Codicum Gallicorum disposita, cura [...] à Maurice, in curia Bisontina suprema magistratu. 1829, 4 vol. in[-4]. Il y a peu de livres de droit qui jouissent d'une estime plus générale.

VOISIN DE GARTEMPE. Tables chronologiques et alphabétiques [...] d'un intérêt public et général, depuis 1789 jusqu'à 1855. 1855, in-12.

WALTER. Manuel du Droit ecclésiastique de toutes les Confes[sions chré]tiennes, traduit de l'allemand par A. de Roquemont, docteur en [droit]. 1841, 1 vol. gr. in-8.

WALTER (Ferd.). Corpus juris Germanici antiqui. 1824, 3 vol. in-8.

WARNKŒNIG. De la science du Droit en Allemagne ; précédé d'un[e notice] sur sa vie et ses ouvrages, par E. Laboulaye. 1841, in-8.

†**WESTOBY**. Résumé de la Législation anglaise en matière civile et com[mer]ciale, à l'usage des étrangers. 1854, 2e tirage, in-8.

WHEATON. Histoire du progrès du Droit des gens, depuis la pa[ix de] Westphalie jusqu'à nos jours. 1854, 2 vol. in-8. — Eléments du Droit international, 2e édit. 1853, 2 vol. in-8.

ZACHARIÆ. Le Droit civil français, traduit de l'allemand sur la 5e é[dition], annoté et rétabli, suivant l'ordre du Code Napoléon, par MM. G[...] président, et Ch. Vergé, avocat, docteur en droit. 5 vol. in-8. Prix pour les premiers souscripteurs, expédiés franco. — Après la p[ublica]tion du 3e volume, le prix sera porté à 37 fr. 50.

Aucun ouvrage, en France, n'a formulé, dans une synthèse plus puissante et à la fois plus lucide, les principes du CODE NAPOLÉON ; personne n'a aussi bien expo[sé que] ZACHARIÆ les règles de notre droit civil et leurs conséquences immédiates. Tou[t] il importait de rétablir l'ordre si rationnel du CODE NAPOLÉON, sans altérer la pen[sée de] l'auteur. Cette tâche a été savamment et scrupuleusement accomplie par MM. M[assé et] Vergé, non-seulement pour le texte, mais encore pour les notes (en les distinguant par des signes typographiques) considérables qu'ils ont ajoutées à celles de ZACHARIÆ, afin de compléter son œuvre, en la mettant au courant de la jurisprudence et de la doc[c]trine les plus récentes.

En vente les tomes 1 et 2.

Le troisième volume, contenant les DONATIONS ET TESTAMENTS, et les OBLI-GATIONS, est sous presse, et paraîtra avant la fin de l'année.

TYPOGRAPHIE HENNUYER, RUE DU BOULEVARD, 7, BATIGNOLLES,
Boulevard extérieur de Paris.

www.ingramcontent.com/pod-product-compliance
Lightning Source LLC
LaVergne TN
LVHW050756200726
843507LV00001B/133